DER PRAKTISCHE
ASTROLOGE

DER PRAKTISCHE
ASTROLOGE

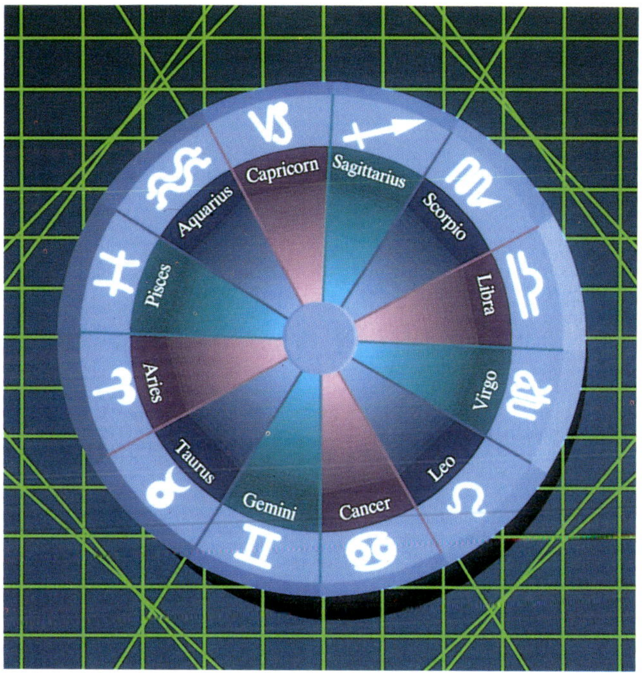

WAS SIE WISSEN MÜSSEN,
UM HOROSKOPE ZU STELLEN

• David Christie-Murray •

Deutsche Bearbeitung:
COMPANY, Hamburg

ISBN 3-8122-3408-4

Bildnachweise

Alle Zeichnungen von Lorraine Harrison.
ET-Archives 2, 10 rechts, 13, 18, 27, 29, 34 rechts, 36 rechts, 41, 44, 48, 49, 52, 58, 61 mitte, 65 links, 68, 69, 72, 75, 76, 78, 82 unten, 85 rechts, 87 rechts, 92 rechts, 98 links, 104, 114 rechts, 115 rechts, 119, 121.
TRS Colour Slides 3, 9.
C.M. Dixon 9, 10 links, 63, 64, 81 links, 85 unten, 89 rechts, 92 links, 112 rechts, 113 oben links, 115 links.
Hutchinson Picture Library 19, 106.
Mary Evans Picture Library 29, 34 links, 35 links, 35 rechts, 37, 38, 40, 43, 46, 47, 50, 54, 55-57, 65 rechts, 66, 67 rechts, 71 mitte, 71 rechts, 73 links, 83 links, 85 oben links, 90 links, 94, 97, 98 rechts, 98 unten rechts, 99, 112 links, 113 unten, 114 links, 116, 120, 123.
All Sport Photographic 35 mitte, 44.
CBS Records 39, 69.
J.S. Library 41 unten, 47 unten, 74 rechts, 84, 100 oben rechts, 101, 102, 103.
Epic Records 54 unten.
Ann Roman Picture Library 60, 61, 73 rechts, 74 mitte, 81 rechts, 83 rechts, 86 links, 89 links, 90 rechts, 91, 93, 95, 105, 107, 108, 109, 111, 117, 122.
Adran Murrel 61.
Pictorial Press Ltd. 70.
Robin Scagell 82.
Science Photo Library 84 unten, 87 links, 125.
Liz Eddison 85, 100 links.
Photoresources 88, 99 rechts, 113, 118.
Aston Martin 100 unten rechts.
Quarto Publishing 101 unten, 103 unten rechts.

INHALT

KAPITEL EINS

BASISDEFINITIONEN, BERECHNUNGEN UND METHODEN

Dieses Buch hat den Titel "Der praktische Astrologe", weil es Schritt für Schritt beschreibt, wie man ein Horoskop stellt. Jeder Schritt des Verfahrens und seine Stellung im allgemeinen Schema wird gründlich beschrieben. Der Lernende wird nicht gleich zum Experten werden, aber sehen, wie einfach der Grundvorgang ist und wie groß der sich daraus ergebende Reiz. Bevor wir uns jedoch in das Praktische vertiefen, wollen wir zuerst ein paar Punkte näher ansehen.

Als ersten Schritt muß der künftige Astrologe den Gedanken fallen lassen, daß Astrologie Aberglaube vermischt mit Magie und Paranormalem ist und nur von in okkulter Kunde versunkenen Mystikern verstanden werden kann. Die Astrologie war wahrscheinlich die erste systematisierte Wissenschaft der menschlichen Geschichte. Vor ein paar hundert Jahren noch war sie mit der Astronomie synonym, und noch heute benutzt sie genau dieselben Tabellen wie der Astronom und der Navigator. Um andererseits ein erstklassiger Astrologe zu sein, ist erhebliche Sensibilität erforderlich, denn die besten Interpretationen sind mehr als rein formelhafte Auslegungen der Bedeutung der Symbole. Tatsächlich können psychisch begabte Personen feststellen, daß ein Horoskop wie eine Art Brennpunkt für eine umfassendere und tiefere Wahrnehmung der Tierkreis- und Planetenpositionen funktioniert.

Der zweite Schritt des Anfängers ist, seiner eigenen Fähigkeit zu einfachen Berechnungen zu vertrauen. Ein dritter Schritt ist, die richtige mentale Haltung einzunehmen. Erwarten Sie nicht, daß ein Horoskop die unvermeidliche Zukunft enthüllt, und sicher nicht Ihre eigene. Ein Einzelner kann immer, im Rahmen seiner Lebensumstände, Herr seines Schicksals sein. Was Astrologen behaupten, ist, daß sie Tendenzen im Charakter von Individuen beschreiben, auf Krisen und Möglichkeiten hinweisen, die sich für sie ergeben können und raten, wie sie auf diese Umstände reagieren sollten.

BLEISTIFT UND PAPIER BEREITLEGEN

Für das Erstellen eines Horoskops muß zunächst ein Kreis gezeichnet werden. Je größer dieser ist, desto bequemer, denn es nicht nur notwendig, jeden der 360° seines Umkreises zu markieren. Es sollten auch jeweils 30° um den Kreis eingezeichnet werden, denn die Planeten müssen genau untergebracht werden, etwa bei 13°, 73°, 95° und 117°. Mittelpunkt des Kreises ist der Ort, möglichst genau nach Längen- und Breitengrad errechnet, an dem sich das Geschehen, für das das Horoskop gestellt wird, ereignet. Der Steller eines Horoskops für ein Ereignis auf der Nordhalbkugel stellt sich selbst als in der Mitte des Kreises, direkt nach Süden blickend, vor. Das deshalb, weil der Tierkreis (der imaginäre Gürtel am Himmel, an dem sich die Planeten längs bewegen) einen Raum von etwa 8° zu beiden Seiten der Ekliptik einnimmt. Die Ekliptik ist der scheinbare Weg der Sonne am Himmel, während sie ihren Jahreskreis von West nach Ost durchmißt, und sie und der Tierkreis sind im Süden des Beobachters. Der Osten liegt also zur Linken des Beobachters, der Westen zur Rechten und der Norden hinter ihm. Also genau umgekehrt wie auf Landkarten. Zwei Schritte müssen getan werden, bevor eine Berechnung erfolgen kann. Über den Kreis wird genau von Ost nach West ein waagerechter Durchmesser gezeichnet, der ihn in zwei Hälften zu je 180° teilt. Der Punkt, an dem der Horizont den Umkreis im Osten berührt, wird "Aszendent", weil die Drehung der Erde entgegen dem Uhrzeiger die Planeten darüber aufsteigen scheinen läßt. Der westliche Horizont wird "Deszendent" genannt. In der Astrologie wird die Erde als statisch betrachtet, während sich die anderen Himmelskörper relativ zu ihr bewegen, nicht umgekehrt.

Die nächsten Schritte betreffen die zwölf "Häuser". Diese Unterteilungen, die Bereiche menschlicher Akti-

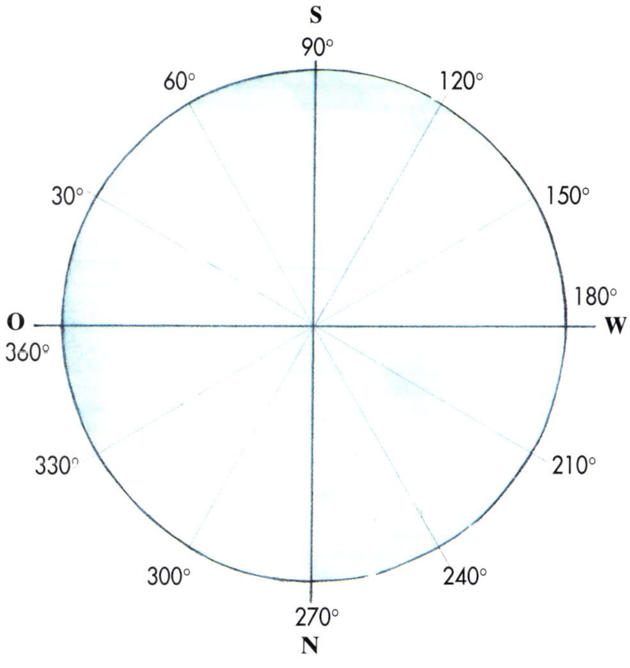

OBEN Die Grundlage des Diagramms: Ein Kreis, geteilt in zwölf Abschnitte von 30° und in 360° unterteilt, beginnend bei "9 Uhr" (0° und 360°) und im Uhrzeigersinn gemessen.

WAS IST EIN HOROSKOP?

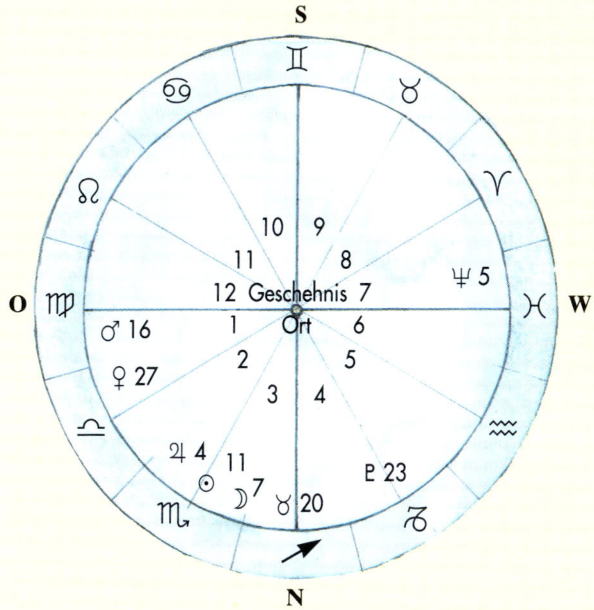

OBEN Das komplette Diagram verzeichnet die Positionen der Sternzeichen und der Planeten und die Beziehungen beider zuden Häusern - die Symbole usw. sind auf den folgenden Seiten erklärt.

Ein Horoskop ist einfach ein Diagramm des Himmels, gezeichnet nach einigen leichtverständlichen Konventionen, zu der Stunde an dem das Ereignis stattfindet und von dort aus gesehen. Meist ist das die Geburt des Fragestellers. Auf diesem Diagramm werden die Positionen der Himmelskörper (Sonne, Mond und Planeten) eingezeichnet, wie sie zur Zeit des Ereignisses waren oder sein werden. (Astronomen wissen, wo Sonne, Mond und Planeten zu jeder Zeit in der Zukunft sein werden, so daß Horoskope für Ereignisse gezeichnet werden können, die noch eintreten sollen.) Auf dem Diagramm sind auch die Position des Tierkreises zur Zeit des Ereignisses und die zwölf "Häuser" genannten Einteilungen eingezeichnet. Diese drei Elemente (Planeten, Tierkreis und Häuser) sind das Skelett des Horoskops. Es wird durch eine Interpretation der Eigenschaften angereichert, die man den Elementen zuordnet, sowie der Beziehungen, die sie miteinander haben, einschließlich der Winkel ("Aspekte") zwischen den Planeten.

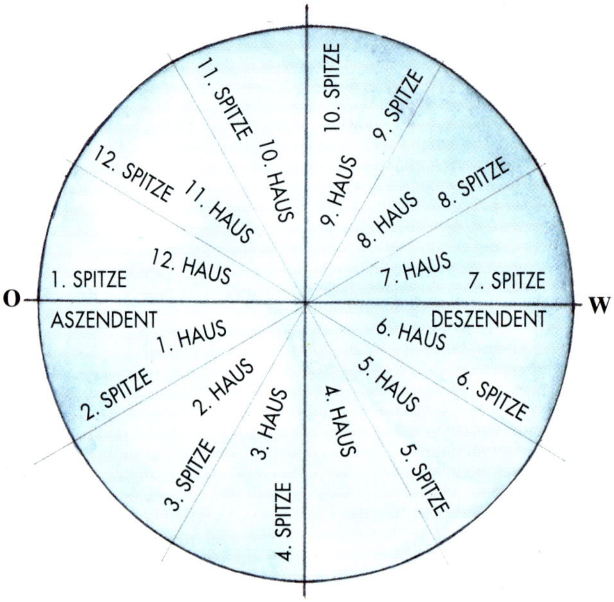

OBEN Der Aszendent befindet sich im Osten, der Deszendent im Westen und die Spitzen der Häuser sind markiert.

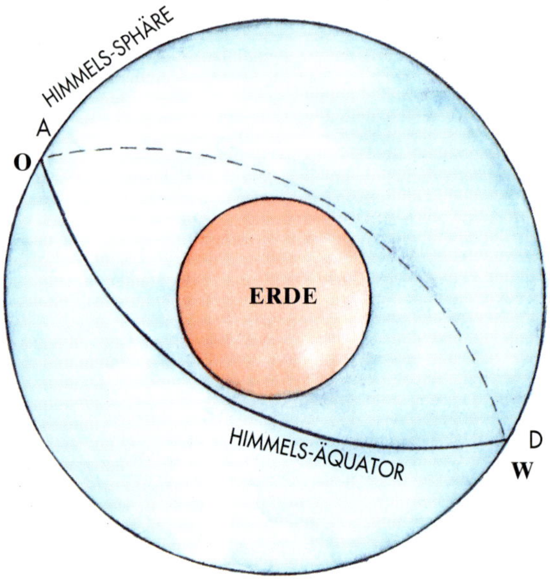

OBEN Die Erde wird als Zentrum betrachtet; im gleichen Raum befinden sich die Fixsterne. Mit AD ist die Ekliptik bezeichnet, also die Bahn der Sonne durch den Raum.

vitäten repräsentieren, wurden den Planeten als ihre "Heime" zugeordnet. (Weil sie mit irdischen Belangen befaßt sind, werden die Häuser manchmal als "weltlich" bezeichnet.) Zum Aufteilen des Kreises in Häuser werden ssim Abstand von 30° Radien gezeichnet, was zwölf Abschnitte (oder "Harmonien") ergibt. Das Segment vom Horizont direkt nach Osten und dann nördlich (d.h. vom Aszendenten aus abwärts) ist das erste Haus. Das nächste, das 8 Uhr bis 7 Uhr entspricht, ist das zweite, und das nächste, von 7 Uhr bis 6 Uhr, das dritte usw. Die Radien, die die Grenzen der Häuser angeben, werden "Spitzen" genannt. Die Spitze des ersten Hauses ist der Radius längs des Horizonts zum Aszendenten, die Spitze des zweiten die Grenze zwischen dem ersten und dem zweiten Haus usw., gegen den Uhrzeigersinn um den Kreis herum.

Die Positionen der Häuser ändern sich nie, auch wenn die Positionen der anderen Elemente im Horoskop ständig in Fluß sind. Der Grund dafür ist, daß die Erde für astrologische Zwecke als statisch betrachtet wird und die Häuser gleichsam so auf der Erde "aufgedruckt" sind wie zur Zeit des jeweiligen Ereignisses.

Da die Erde sich gegen den Uhrzeiger bewegt, scheint sich der Gürtel des Tierkreises, der Himmelskreis, der die Sternzeichen enthält, von Norden nach Süden zu bewegen, und die Zeichen steigen der Reihe nach über dem östlichen Horizont auf. Der Name "Zodiak" für den Tierkreis (der sich sowohl auf den imaginären Gürtel bezieht, der seinen Mittelpunkt in der Ekliptik hat, als auch auf das diesen Gürtel repräsentierende Diagramm), ist vom altgriechischen Wort zodiakos kyklos abgeleitet, das "Kreis der Tiere" bedeutet, oder von ta zodia, "die kleinen Tiere". Es gibt zwölf dieser Zeichen, wobei jedes einen Ausschnitt von 30° einnimmt und nach einer Konstellation benannt ist. Die Zeichen nehmen immer dieselben Orte im Raum relativ zur Erde ein, während sie sich um sie bewegen, doch über einen langen Zeitraum bewegen sie sich wegen der Präzession der Äquinoktien (s. S. 112) relativ zu unserer Welt, während sie weiter dieselben Plätze im absoluten Raum einnehmen. Beim Bestimmen der Position eines Planeten im Horoskop können wir feststellen, daß ein Planet in einem Zeichen des Tierkreises in der diesem vorangehenden Konstellation sein kann (diese Tatsache wird oft als Argument gegen die Stichhaltigkeit der Astrologie benutzt).

Der gesamte Kreis der zwölf Sternzeichen erhebt sich einmal alle 24 Stunden über dem Horizont, d.h. jedes Zeichen benötigt zwei Stunden, um aufzusteigen. Dieses erklärt, wie wichtig es ist, die genaue Zeit des zu untersuchenden Ereignisses zu kennen. Das Zeichen, das in dem Moment über dem Aszendenten aufsteigt, in dem das Ereignis geschieht, ist für die Auslegung des Horoskops wichtig, und die Positionen der Planeten relativ zu dem anderen Zeichen werden dadurch bestimmt. Die Implikationen eines Horoskops mit z.B. Widder im Aufsteigen bei der Geburt um 8.00 Uhr an einem bestimmten Datum sind ganz andere als eines mit Waage, die bei der Geburt um 20 Uhr am selben Tage aufsteigt. Natürlich können sich auch Begebenheiten ereignen, wenn ein Sternzeichen fast seinen Zweistundenlauf beendet hat und ein anderes unterwegs ist. Die meisten Astrologen akzeptieren, daß der Augenblick des Durchtrennens der Nabelschnur der Beginn des neuen Lebens ist, der genau zeitlich bestimmt werden kann. Erfolgt dies, wenn der Widder nur noch eine Minute seines Durchlaufes zurückzulegen hat, hat das nächste Zeichen, der Stier, einen starken Einfluß im Horoskop.

DIE DATEN DER STERNZEICHEN

Erst Mitte des 18. Jahrhunderts wurde bestimmt, daß das Jahr am 1. Januar beginnen soll. Im Britannien des heiligen Beda begann das Jahr am 25. Dezember, und

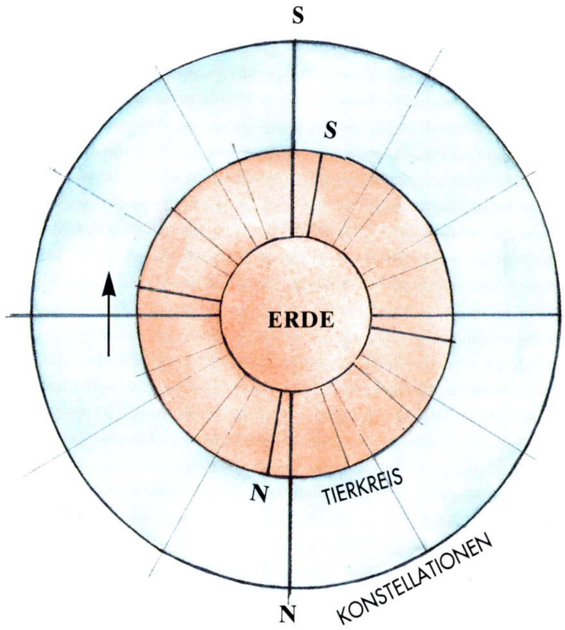

OBEN Die Pole und der Äquator der Erde und der Himmelssphäre sind parallel. Der Tierkreisgürtel läuft bei seiner Bewegung entgegen dem Uhrzeigersinn durch die stationären Häuser.

AUSRÜSTUNG UND LITERATURHINWEISE

Die für das Konstruieren eines Horoskops erforderliche Ausrüstung besteht aus weißem Papier, einem Zirkel und einem Winkelmesser, Stiften und Kugelschreibern, Papier für Berechnungen (kariertes ist gut geeignet) und Büchern mit Tabellen oder Epheremiden.
Eine Epheremide gibt die Positionen der Himmelskörper in regelmäßigen Zeitabständen an. Die Bezeichnung kommt vom griechischen Wort für "Tagebuch" und kennzeichnet die "Kurzfristigkeit" oder Veränderung der Orte von Sonne, Mond und Planeten von Tag zu Tag. Ebenfalls erforderlich ist eine Pluto Ephemerides, welche die Positionen dieses Planeten vor 1933, als er entdeckt wurde, berechnet, und eine Tabelle der Häuser. Ebenfalls notwendig sind ein Ortsverzeichnis oder ein Atlas zum Auffinden der Breiten- und Längengrade von Orten, eine Liste der Standardzeiten und der Zeitzonen in aller Welt, eine Tabelle zum Umrechnen von Längen- und Breitengrad in ihre zeitlichen Entsprechungen sowie eine Proportional-Logarithmentafel für das Auffinden der Planetenpositionen (normalerweise hinter den Ephemeridentabellen zu finden).
Buchhandlungen, die esoterische Literatur führen, haben häufig Blankohoroskope, die bereits mit einer Grad-Einteilung versehen sind.

OBEN Zum östlichen Tierkeis gehören in den westlichen Reihen nicht bekannte Kreaturen. Diese Schnitzerei eines Affen ist ein Beispiel eines Tieres aus dem japanischen Tierkreis.

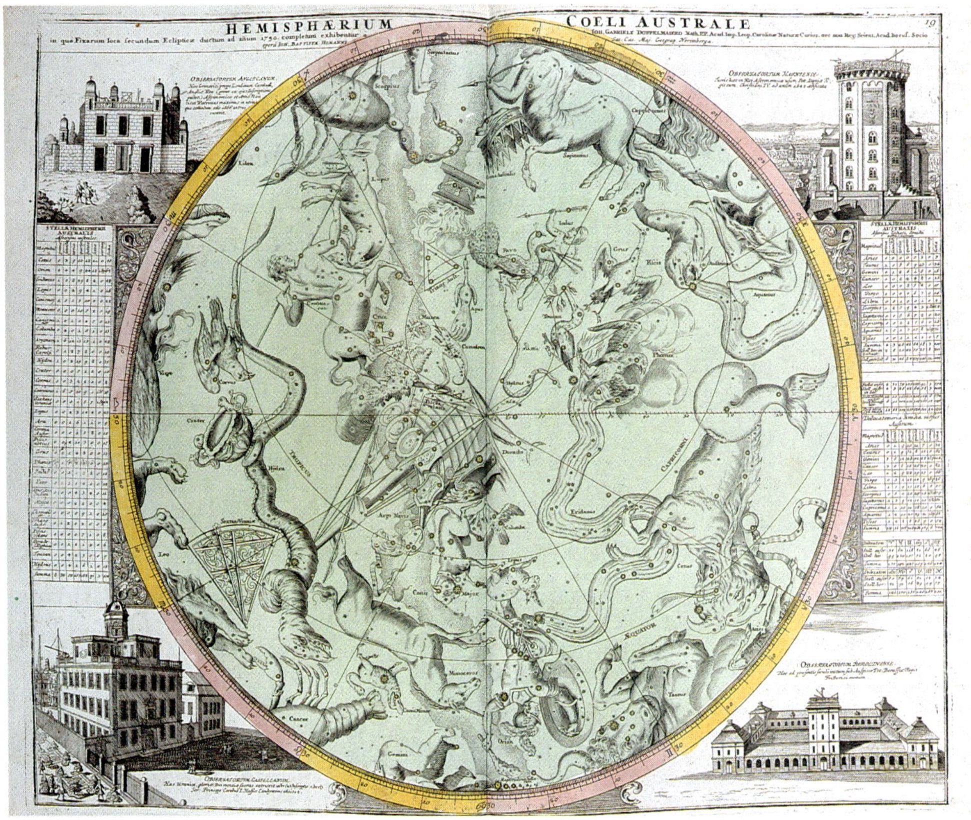

RECHTS Eine phantasievolle Darstellung des Südhimmels aus Johann Gabriel Doppelmaiers *Atlas Coelestis*, 1742. Zu sehen sind Teile der Tiere des Zodiaks sowie Embleme anderer Konstellationen.

nach der Eroberung führten die Normannen den 25. März als Neujahrstag ein, ein Tag, der bis 1752 galt. Das erste Zeichen des Tierkreises, Widder, erhielt das erste Zwölftel des Jahres, beginnend am 21. März, der Frühlings-Tag-und-Nachtgleiche. Den anderen wurden die folgenden elf zugeordnet, wie unten gezeigt. Jedem Zeichen wurden eigene Eigenschaften zugeschrieben.

Die Tabelle unten gibt die Daten - und üblichsten Abweichungen - für jedes Zeichen an sowie die Daten, zwischen denen in etwa die Sonne in jedem Jahr in jedem Zeichen erscheint. In Klammern stehen die Zahlen der Tage in jeder Periode. Weder die Zeichen noch die Konstellation wechseln den Platz genau um Mitternacht Greenwich Mean Time an den u.a. Daten, wodurch es zu Beginn und Ende eines jeden Zeitraumes Abweichungen bis zu einem Tag geben kann.

Eine im Hauptabschnitt der angebenen Perioden geborene Person kann mit Sicherheit behaupten, Zwilling oder Löwe usw. zu sein. Doch wenn sie an den Grenzdaten geboren wurde, muß sie die genaue Zeit und den Längen- und Breitengrad kennen, um über das Sonnenzeichen, wie es genannt wird, Gewißheit zu haben. Für sich allein hat das Sonnenzeichen geringe Bedeutung. "Ich bin Skorpion", ist das gleiche wie "Ich wurde Ende Oktober oder im November geboren", und nicht mehr. "Ich bin Skorpion mit aufsteigendem Wassermann" -d.h. im Aszendenten zum Zeitpunkt der Geburt -, sagt dem Astrologen etwas mehr, aber nicht viel.

STERNZEIT: DIE GRUNDLAGE DER ERSTELLUNG EINES HOROSKOPS

Bevor er feststellen kann, welches Zeichen im Aszendenten ist und wie die relativen Positionen der anderen sind, muß der Astrologe die Erdzeit in Sternzeit oder siderische Zeit, umsetzen. Am einfachsten ist es, Stunden, Minuten und Sekunden in zweistelligen Zahlen zu schreiben, also zwei Uhr, sechs Minten und neun Sekunden nach Mitternacht als 02.06.09; zwei Stunden, elf Minuten und zwölf Sekunden nach Mittag ist 14.11.12. Die Erde dreht sich in 23 Stunden, 56 Minuten, 4,09 Sekunden einmal um ihre Achse. Die Addition eines Tages alle vier Jahre im Schaltjahr macht einen Bruchteil mehr aus als die Summe der in jedem Jahr verlore-

DIE TIERKREIS-SYMBOLE

Die Tierkreiszeichen sind traditionell unter ihren lateinischen Namen bekannt.

ARIES ♈	WIDDER	DAS ERSTE
TAURUS ♉	STIER	DAS ZWEITE
GEMINI ♊	ZWILLINGE	DAS DRITTE
CANCER ♋	KREBS	DAS VIERTE
LEO ♌	LÖWE	DAS FÜNFTE
VIRGO ♍	JUNGFRAU	DAS SECHSTE
LIBRA ♎	WAAGE	DAS SIEBTE
SCORPIO ♏	SKORPION	DAS ACHTE
SAGITTARIUS ♐	SCHÜTZE	DAS NEUNTE
CAPRICORN ♑	STEINBOCK	DAS ZEHNTE
AQUARIUS ♒	WASSERMANN	DAS ELFTE
PISCES ♓	FISCHE	DAS ZWÖLFTE

Die Zeichnungen der Symbole tauchten erstmals in griechischen Texten des späten Mittelalters auf, und ihre Geschichte ist nicht bekannt. Die meisten von ihnen scheinen eine Art stenographisches Bild, eine Hieroglyphe des Zeichens zu sein. Steinbock, Stier, Zwillinge, Waage, Schütze und Wassermann (dessen Symbol dem des heraldischen Emblems für Wasser ähnlich ist) deuten alle direkt ihre Zeichen an. Das Symbol der Jungfrau erinnert an ein großes M für Maria, die Gottesmutter, und die allgemeine Form des Krebssymbols erinnert an eine Krabbe. Im Schwanz des Skorpionemblems ist ein Stachel, obwohl sein M nicht mit dem der Jungfrau verwechselt werden darf. Fische sind durch zwei senkrechte, gekrümmte Linien repräsentiert, verbunden durch einen Querstrich, und die gebogenen Linien könnten mit Phantasie Fischen ähnlich sehen, die auf ihren Schwänzen stehen.

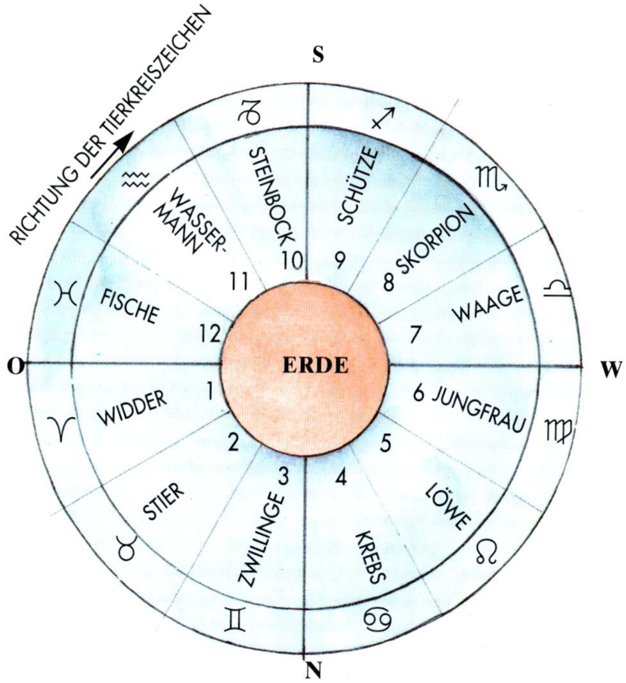

OBEN Die Position des Tierkreises zur Frühlings-Tag-und-Nachtgleiche, dem 21. März, wenn der östliche Horizont 0° Widder ist. Die Darstellung zeigt die Namen und Symbole der Zeichen und die Position der Häuser.

nen Zeit. Das wiederum wird dadurch ausgeglichen, daß das erste Jahr jedes Jahrhunderts, 1800, 1900, 2000, kein Schaltjahr ist.

Die Astrologie entwickelte sich in dem Glauben, daß die Erde der Mittelpunkt des Universums sei. Wie wir gesehen haben, wird diese Konvention noch immer für die Zwecke der Messung der Erdzeit und für die Beziehungen zwischen den Planeten (einschl. Sonne und Mond) zu unserer Welt befolgt. Von diesen dachte man, sie bewegten sich auf ihren Umlaufbahnen innerhalb einer als Himmelsphäre bekannten Hohlkugel um die Erde. An der Innenfläche dieser Sphäre waren die Fixsterne in ihren Konstellationen, deren Positionen sich relativ zur Erde niemals änderten. Doch die Himmelsphäre schien sich zu bewegen, weil die Erde sich drehte, was wiederum damals noch niemand wußte. Und da die Erde sich gegen den Uhrzeigersinn dreht, scheint sich die Himmelssphäre im Uhrzeigersinn zu drehen

Der Erdäquator, der vom Nord- und Südpol gleich weit entfernte Kreis der Erde, ist zum Himmelsäquator parallel. Dieser ist ebenfalls von den Himmelspolen gleich weit entfernt. Die Erde dreht sich nicht senkrecht (dann würden die Jahreszeiten niemals wechseln), son-

NAME	DATEN DES ZEICHENS	DATEN DER KONSTELLATION
1 Widder	21. März bis 20. April (30)	21. März bis 18. April (29)
2 Stier	21. April bis 20./21. Mai (30, 31)	19. April bis 10. Mai (22)
3 Zwillinge	21./22. Mai bis 21. Juni (32, 30)	11. Mai bis 18. Juni (39)
4 Krebs	22. Juni bis 22. Juli (31)	19. Juni bis 21. Juli (33)
5 Löwe	23. Juli bis 22./23. August (31, 32)	22. Juli bis 10. August (20)
6 Jungfrau	23./24. August bis 22./23. September (31)	11. August bis 17. September (38)
7 Waage	23./24. September bis 22./23. Oktober (31)	18. September bis 3. November (46)
8 Skorpion	23./24. Oktober bis 22. November(31, 30)	4. November bis 16. November (13)
9 Schütze	23. November bis 21./23. Dezember (27)	17. November bis 13. Dezember (31, 29)
10 Steinbock	22./24. Dezember bis 20. Januar (28, 30)	14. Dezember bis 21. Januar (39)
11 Wassermann	21. Januar bis 19. Februar (30)	22. Januar bis 14. Februar (24)
12 Fische	20. Februar bis 20. März (29, im Schaltjahr 30)	15. Februar bis 21. März (35, im Schaltjahr 36)

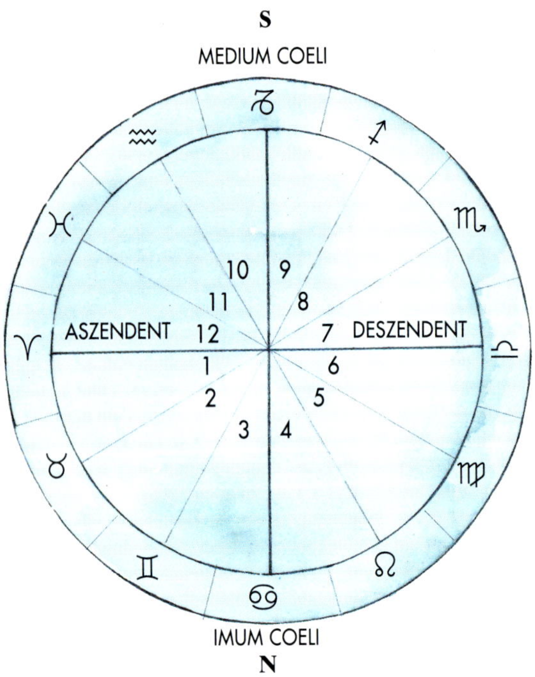

OBEN Das medium coeli (MC, Himmelsmitte, Zenith) und das imum coeli (IC, Himmelsbasis, Nadir) erscheinen für Diagramme der Nordhalbkugel am Süd- bzw. Nordpol.

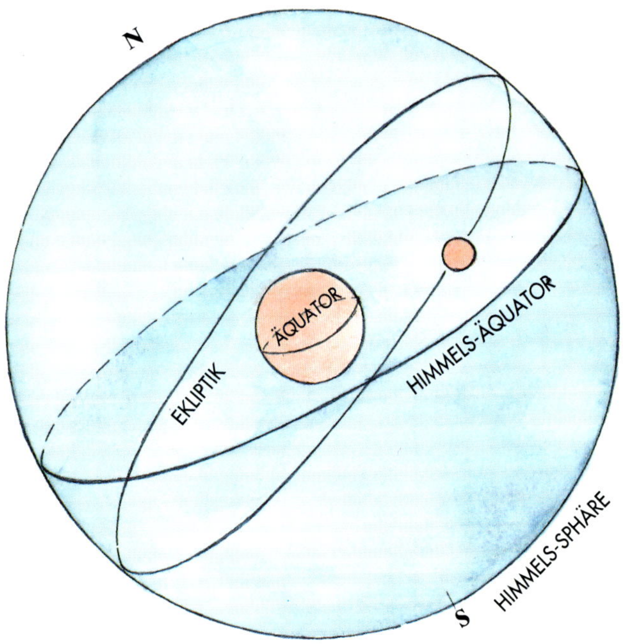

OBEN Der Himmelsäquator, parallel zum Erdäquator, kreuzt die Ekliptik (Bahn der Sonne) am 21. März und am 21. November, wenn die Stunden von Licht und Dunkelheit gleich sind.

LINKS Das Bild eines Astronomen im 14. Jahrhundert. Er benutzt zwar eine Röhre, um den Himmel anzusehen, aber kein Fernrohr, denn dieses wurde erst im 17. Jahrhundert erfunden. Zu der Zeit stellte Galilei fest, daß sich die Erde um die Sonne bewegt.

dern in einem Winkel von 23°27'. Das bedeutet, daß die Sonnenumlaufbahn nicht dem Himmelsäquator folgt, sondern einer eigenen Bahn, als Ekliptik bekannt. Für einen Beobachter auf der Erde verläuft diese Bahn vor den oder durch die zwölf Konstellationen, die den Tierkreis bilden. Die beiden Punkte, an denen die Ekliptik den Himmelsäquator passiert, sind die Frühlings- bzw. die Herbst-Tag-und-Nachtgleiche, der 21. März und der 22. September. Vor etwa viertausend Jahren betrat die Sonne die Konstellation des Widder am 21. März, daher wurde dieses Datum als 0° Widder bezeichnet, und die Herbst-Tag-und-Nachtgleiche wurde 0° Waage.

Die Himmelssphäre scheint sich jedesmal, wenn sich die Erde dreht, einmal zu drehen. Die Bewegung der astrologischen Planeten wird zeitlich nach ihren Positionen vor dem Hintergrund der Sterne berechnet, nicht nach ihren Orten relativ zur Erde (um das zu sehen, müßte der Beoabachter fort von der Erde und irgendwo im Raum sein). Die Fixsterne sind vom Sonnensystem so weit entfernt, daß sie sich in Relation zu diesem über-

TABELLE 1
SIDERISCHE ZEIT AM 31. DEZEMBER/1. JANUAR 1880 - 2000

1880	06.40	1910	06.39	1940	06.38	1970	06.41
1881	06.43	1911	06.38	1941	06.41	1971	06.40
1882	06.42	1912	06.37	1942	06.40	1972	06.39
1883	06.41	1913	06.40	1943	06.39	1973	06.42
1884	06.40	1914	06.39	1944	06.38	1974	06.41
1885	06.43	1915	06.38	1945	06.41	1975	06.40
1886	06.42	1916	06.37	1946	06.40	1976	06.39
1887	06.41	1917	06.40	1947	06.39	1977	06.42
1888	06.40	1918	06.39	1948	06.38	1978	06.41
1889	06.43	1919	06.38	1949	06.41	1979	06.40
1890	06.42	1920	06.37	1950	06.40	1980	06.41
1891	06.41	1921	06.40	1951	06.39	1981	06.44
1892	06.41	1922	06.39	1952	06.38	1982	06.43
1893	06.44	1923	06.38	1953	06.41	1983	06.42
1894	06.43	1924	06.38	1954	06.40	1984	06.41
1895	06.42	1925	06.41	1955	06.39	1985	06.44
1896	06.41	1926	06.40	1956	06.39	1986	06.43
1897	06.44	1927	06.39	1957	06.42	1987	06.42
1898	06.43	1928	06.38	1958	06.41	1988	06.41
1899	06.42	1929	06.41	1959	06.40	1989	06.44
1900	06.41	1930	06.40	1960	06.39	1990	06.43
1901	06.40	1931	06.39	1961	06.42	1991	06.42
1902	06.39	1932	06.38	1962	06.41	1992	06.41
1903	06.38	1933	06.41	1963	06.40	1993	06.44
1904	06.37	1934	06.40	1964	06.39	1994	06.43
1905	06.40	1935	06.39	1965	06.42	1995	06.41
1906	06.39	1936	06.38	1966	06.41	1996	06.41
1907	06.38	1937	06.41	1967	06.40	1997	06.44
1908	06.37	1938	06.40	1968	06.39	1998	06.43
1909	06.40	1939	06.39	1969	06.42	1999	06.42
						2000	06.41

TABELLE 2
ADDITION DER MONATE

	Februar		März		April		Mai		Juni		Juli		August		September	
	Std.	Min.	Std.	Min.	Std.	Min.	Std.	Min.	Std.	Min.	Std.	Min.	Std.	Min.	Std.	Min.
Normaljahr	2	02	3	52	05	55	07	53	09	55	11	54	13	56	15	58
Schaltjahr	2	02	3	56	05	59	07	57	09	59	11	58	14	00	16	02

	Oktober		November		Dezember	
	Std.	Min.	Std.	Min.	Std.	Min.
Normaljahr	17	56	19	59	21	57
Schaltjahr	18	00	15	58	22	01

TABELLE 3
ADDITION DER TAGE

2.Tag	4 Min.	8.Tag	28 Min.	14.Tag	51 Min.	20.Tag	1 Std. 15 Min.	26.Tag	1 Std. 39 Min.
3.Tag	8 Min.	9.Tag	32 Min.	15.Tag	55 Min.	21.Tag	1 Std. 19 Min.	27.Tag	1 Std. 42 Min.
4.Tag	12 Min.	10.Tag	35 Min.	16.Tag	59 Min.	22.Tag	1 Std. 23 Min.	28.Tag	1 Std. 46 Min.
5.Tag	16 Min.	11.Tag	39 Min.	17.Tag	1 Std. 03 Min.	23.Tag	1 Std. 27 Min.	29.Tag	1 Std. 50 Min.
5.Tag	20 Min.	12.Tag	43 Min.	18.Tag	1 Std. 07 Min.	24.Tag	1 Std. 31 Min.	30.Tag	1 Std. 54 Min.
6.Tag	24 Min.	13.Tag	47 Min.	19.Tag	1 Std. 11 Min.	25.Tag	1 Std. 35 Min.	31.Tag	1 Std. 58 Min.

TABELLE 2 ADDITION DER STUNDEN		
Stunden	1 - 2	nichts
	3 - 9	1 Minute
	10 - 12	2 Minuten

haupt nicht zu bewegen scheinen. Das bedeutet, daß sich die Zeit, die ein Fixstern braucht, um von Mitternacht des einen Tages bis um Mitternacht des nächsten Tages zu wandern (was 360° der Erdumdrehung sind), nie ändert. Sie wird deshalb von Himmelsforschern als Standard genommen. Diese ganz leicht von der Erdzeit abweichende Stern- oder siderische Zeit wird in Astronomie, Astrologie und Navigation verwendet, um die Position der Himmelskörper fest einzutragen.

Wie die Solarzeit wird die Sternzeit in 24 Stunden eingeteilt, mit denselben Unterteilungen der Stunden in 60 Minuten und der Minuten in 60 Sekunden. Doch die Sternstunde ist zehn Sekunden länger als die solare, und das muß man bedenken, wenn man die Solar- in die Sternzeit umrechnet.

Tabellensätze machen die Berechnung der Sternzeit einfach. Wir beginnen mit Tabelle 1 (Seite 14), welche die Sternzeit um Mitternacht am 31. Dezember/1. Januar für die Jahre 1890 bis 2000 enthält. Tabelle 2 enthält die zu addierenden Stunden und Minuten für die Monate, Tabelle 3 für die Tage des Monats. Der erste Tag des Monats, das ist der maßgebliche Tag, ist nicht angegeben. Tabelle 4 gibt die Addition für jede Stunde an.

Um zu zeigen, wie man die Sternzeit berechnet, nehmen wir als Beispiel ein Kind, dessen Nabelschnur um 21.00 Uhr am 29. Dezember 1958 durchtrennt wurde (Tabelle unten). Da wir eine Zeit haben müssen, die in 24 Stunden paßt, oder anders ausgedrückt, da 29.51 einen Tag plus 5.51 Stunden darstellt - von jeder Summe über 24 müssen wir 24 abziehen -, ist die kalkulierte Sternzeit der obengenannten Geburt somit 5.51. Die vorstehende Berechnung soll nur zeigen, wie man zur Sternzeit gelangt - der Ort, an dem das Kind geboren wurde, ist nicht berücksichtigt.

Sternzeit 1. Januar 1958	06.41
Addition für Monat (Normaljahr)	21.75
Addition für Tag	01.50
Addition für Stunde	00.02
Summe	29.50

OBEN Astrologie wurde im Mittelalter zur Diagnose von Krankheiten und der besten Zeit für die Behandlung benutzt. Chaucers "Doctour of Phisick" (als Beispiel) "war begründet in der Astronomie" (= Astrologie). In diesem Holzschnitt aus dem 16. Jahrhundert. stellen Astrologen ein Horoskop für das Kind, das der Frau im Vordergrund geboren wird.

Das einzige Kind, für das diese Berechnung stimmen würde, wäre auf dem Längen- und Breitengrad 0 geboren und hätte das Tageslicht auf einem Passagierschiff oder auch an Bord eines Flugzeugs an einem Punkt im Golf von Guinea, südlich von Ghana, erblickt. Um zu einer "korrigierten" Zeit zu kommen, d.h. um Längen- und Breitengrad berücksichtigt, muß eine Reihe weiterer Berechnungen vorgenommen werden.

Da das Tageslicht von Ost nach West "reist", ist die Morgendämmerung in Europa früher als in England und für einen Amerikaner später als für einen Europäer. Für eine Geburt östlich des Meridians von Greenwich müßten zur GMT für jeden Längengrad östlich von Greenwich vier Minuten addiert werden. Für eine Geburt in den USA müßten für jeden Längengrad westlich von Greenwich vier Minuten abgezogen werden. Andere Besonderheiten wie die Sommerzeiten oder z.B. die "Bergzeit", die es manchmal in hochgelegenen Orten gibt, müßten ebenfalls berechnet werden.

EINE NÜTZLICHE ABKÜRZUNG

Wenn der Astrologe eine Reihe von Horoskopen stellen will, gibt es eine nützliche Vorrichtung, die er selbst anfertigen kann. Aus einem Stück Karton wird ein Kreis

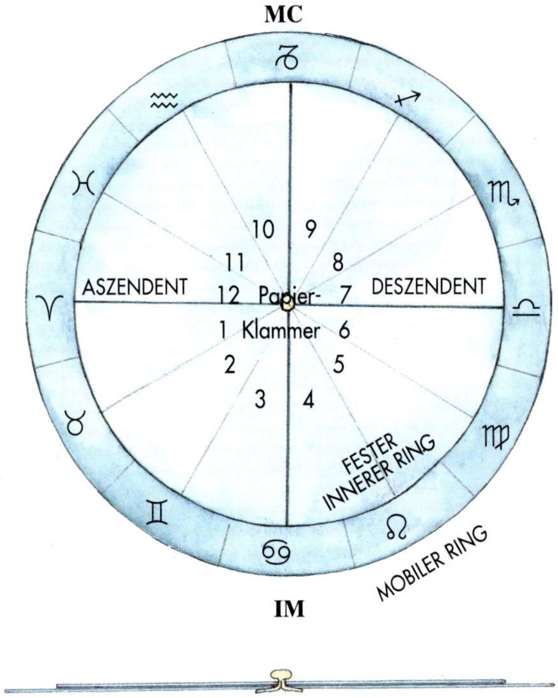

OBEN Hilfsmittel zum Zeichnen von Horoskopen: Der innere Kreis mit den darauf markierten Häusern wird mit einer Heftklammer an einem zweiten, größeren befestigt, an dessen Rand der Tierkreis aufgezeichnet ist.

passender Größe als Basisdiagramm ausgeschnitten. Wenn auf der Peripherie alle 360° markiert werden können, um so besser, doch sollten zumindest alle fünf Grade um den ganzen Kreis möglichst genau markiert werden. Darauf wird eine waagerechte Linie gezogen, die im Aszendenten im Osten links und im Deszendenten im Westen rechts endet. Will man das System der gleichen Häuser benutzen, kann der Kreis durch Radien in Abschnitte von je 30° geteilt werden. Diese werden zur raschen Bezugnahme von 1 bis 12 numeriert, wobei das erste das von 9 bis 8 Uhr ist, das zweite das von 8 bis 7 Uhr, usw. Legen Sie den Kreis auf ein größeres Stück Karton und zeichnen Sie darauf einen größeren Kreis mit demselben Mittelpunkt an. Auch dieser wird ausgeschnitten; er paßt um den ersten wie ein Reifen um ein Rad. Die beiden Kreise werden durch eine Heftklammer zusammengehalten, die durch ihren gemeinsamen Mittelpunkt gesteckt wird. Dann wird der größere Kreis in zwölf Abschnitte von je 30° unterteilt, und die Sternzeichen werden entgegen dem Uhrzeigersinn in ihrer Reihenfolge verzeichnet - Widder, Stier, Zwillinge, Krebs, Löwe, Jungfrau, Waage, Skorpion, Schütze, Steinbock, Wassermann und Fische. Dreht man den äußeren Kreis im Uhrzeigersinn, steigt Widder über dem östlichen Horizont auf, gefolgt von Stier und den übrigen.

Dann schneiden Sie zehn kleine Stücke Karton aus, jedes mit einem Zeiger, der an einer Seite hervorsteht. Darauf zeichnen Sie jeweils das Symbol eines der Planeten. Der Zeiger wird benutzt, den genauen Grad der Position des Planeten auf dem Diagramm anzuzeigen. Mit dieser einfachen Vorrichtung hat der Astrologe alle Elemente, die er zum Zeichnen seiner Diagramme benötigt, buchstäblich in der Hand.

VON DER KALKULATION ZUR INTERPRETATION: DIE SECHS ELEMENTE

Wir wollen nun ein Horoskop für eine Frau stellen, die am 2. Juli 1951 um 1.30 in Harrow, England, geboren wurde. Nachfolgend eine Zusammenfassung der Schritte, die wir zur Vervollständigung des gesamten Horoskops und seiner Deutung vornehmen müssen.

1. Berechnen Sie die Sternzeit der Geburt.

2. Von da aus finden Sie die Positionen der Sternzeichen zur Zeit der Geburt.

3. Zeichnen Sie aus einer Epheremide für das Jahr 1951 die Planetenpositionen auf das Horoskop.

4. Zum Interpretieren des Horoskops betrachten wir zuerst die Beziehungen der Planeten zu den Zeichen. Die Sternzeichen haben von den Astrologen im Laufe der Zeiten alle eigene Eigenschaften erhalten, ebenso die Planeten (Kapitel Zwei und Drei). So kann ein Musterhoroskop die Sonne in Wassermann, den Mond und Merkur in Steinbock, Venus in Fische, Mars in Schütze und Jupiter in Löwe haben, was alles Kombinationen von Eigenschaften ergibt. Insgesamt können sie einander ergänzen oder widersprechen.

5. Als nächstes untersuchen wir die Position der Planeten relativ zu den Häusern. Die Sonne im fünften Haus läßt z.B. darauf schließen, wie die Person des Horoskops bei der Erholung reagieren würde, auf die Äußerungen des persönlichen Geschmacks und des Liebeslebens; der Mond im vierten Haus weist auf die Beziehungen zum Heim und den Eltern hin, Venus im

WIE MAN DIE STERNZEIT BERECHNET

Die Berechnung des Tierkreiszeichens, wie es im Moment der Geburt aufgeht (und die entsprechenden Positionen der anderen Zeichen und der Planeten) stützt sich auf ein geozentrisches Bild vom Universum. Daher müssen an der "terrestrischen" Geburtszeit Korrekturen vorgenommen werden, um die "siderische" (oder Stern-) Zeit zu ermitteln. Wir haben Marilyn Monroe als Beispiel gewählt, dem man folgen kann.

Marilyn Monroe wurde am 1. Juni 1926 um 9.09 Uhr Ortszeit in Los Angeles geboren.

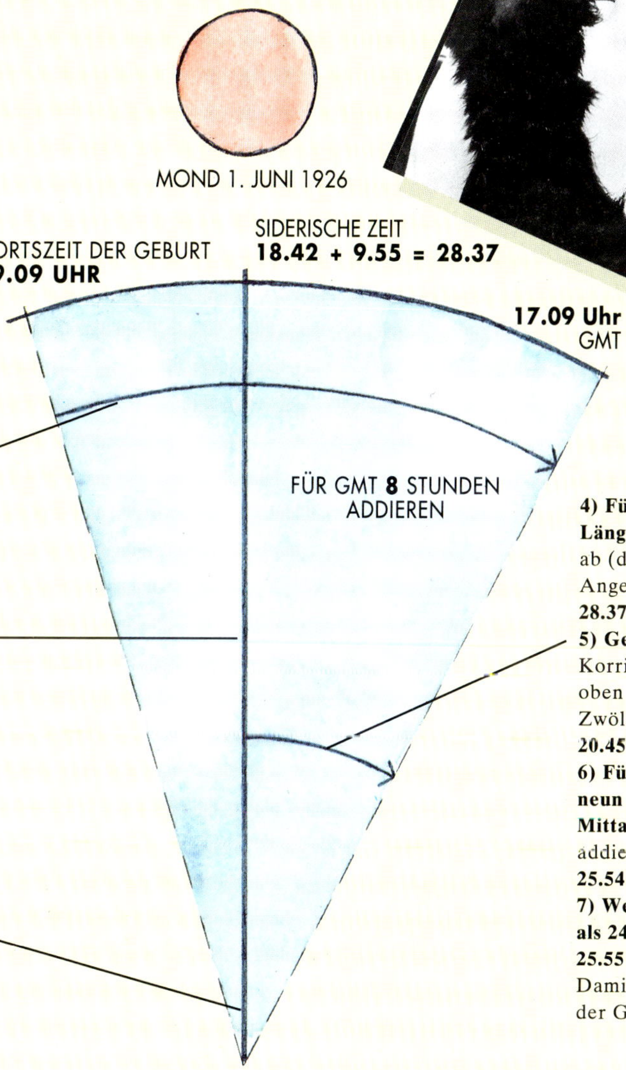

1) Umsetzung in GMT: Verzeichnis der Zeitzonen zu Rate ziehen. Plus acht Stunden:
9.09 + 8.00 = 17.09

2) Für eine Geburt nach Mittag: Beginne mit der siderischen Angabe aus der Epheremide für Mittag, 1. Januar 1926, die 18 Stunden 42 Minuten ist. Addiere Stunden und Minuten für jeden Tag nach dem Januar entsprechend Tab. 1.
18.42 + 9.55 = 28.37

3) Für die Tage im Monat: Addiere die Stunden und Minuten nach Tab. 3. Da Marilyn Monroe am ersten Tag des Juni geboren wurde, gibt es nichts zu addieren.

4) Für jeden Grad westlicher Länge: Ziehe vier Minuten ab (die Länge von Los Angeles ist 118 Grad West).
28.37 - 7.52 = 20.45

5) Geburtszeit addieren: Korrigiert auf GMT wie oben - 17.09, was für eine Zwölfstundenuhr 5.09 ist.
20.45 + 5.09 = 25.54

6) Für Geburten drei bis neun Stunden (GMT) nach Mittag: Eine Minute addieren.
25.54 + 00.01 = 25.55

7) Wenn die Zahl größer ist als 24, 24 abziehen:
25.55 - 24.00 = 1.55
Damit ist die siderische Zeit der Geburt der Person 1.55.

RECHTS "Astrologischer Mann" als Illustration für die Zeiten, zu denen Medizin eingenommen werden sollte und auch der Sternzeichen, die bestimmte Körperteile regieren.

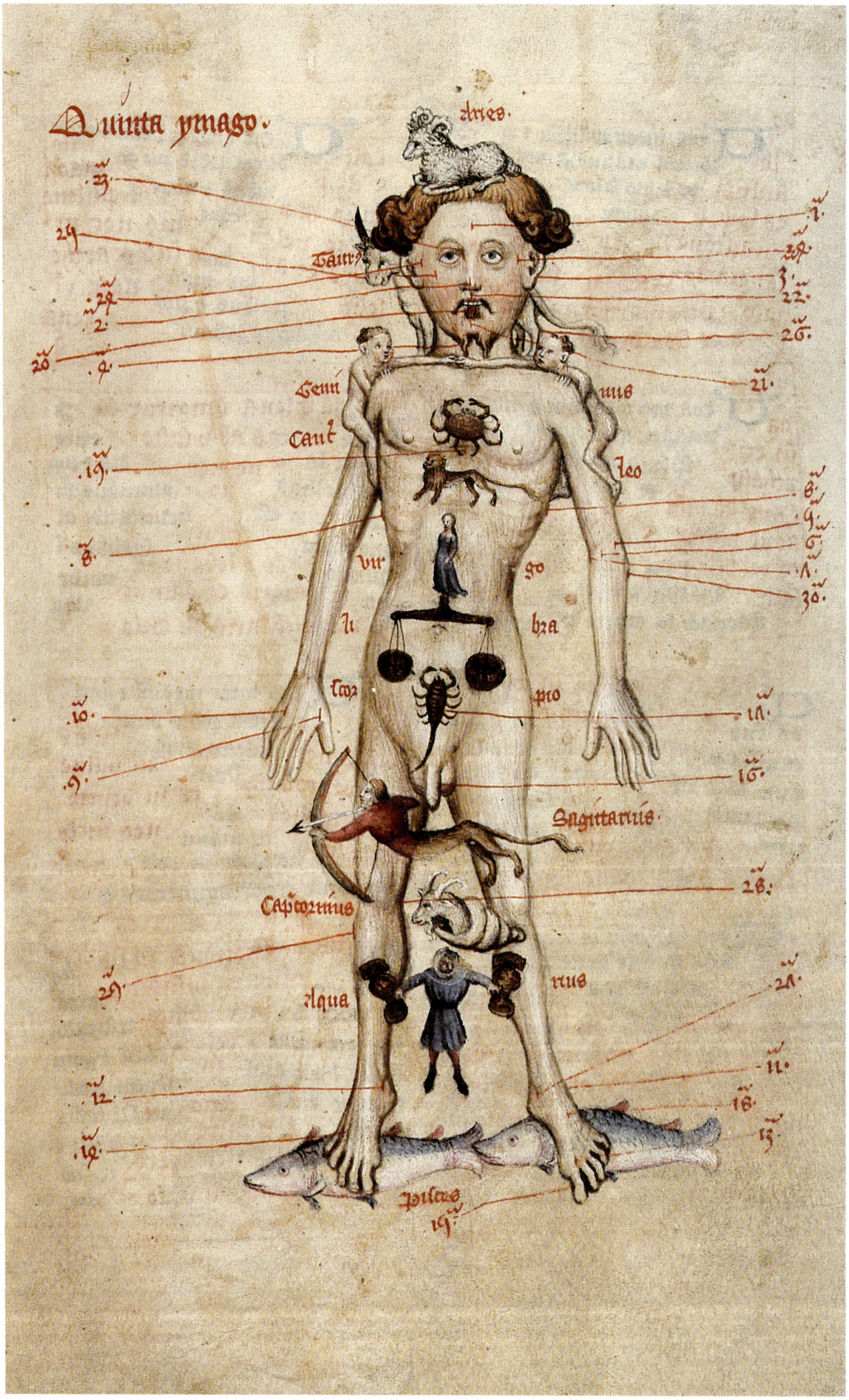

sechsten Haus könnte andeuten, daß die Person "mit ihrer Arbeit verheiratet" ist.

6. Dann folgt eine Prüfung der Aspekte der Planeten, d.h. der Winkel, die sie im Diagramm miteinander bilden. Einige Aspekte sind günstig, andere ungünstig, einige verstärken die Eigenschaften der beteiligten Planeten, andere verringern oder anullieren sie.

Hat der Astrologe die Interpretation abgeschlossen, verfügt er über alle Informationen, die er aus seinem Diagramm ableiten kann, und kann seine Ergebnisse im Detail notieren. Wenn er der intuitive Typ des Astrologen ist, der eine Qualität des Psi oder des "sechsten Sinnes" in seine Arbeit einbringt, kann er eine sehr gute Bewertung des Charakters geben. Wahrscheinlich wird er sogar bestimmte Vorstellungen von den Situationen haben, in die ein solcher Charakter geraten könnte, und darüber, wie er darauf reagieren würde.

Nun wollen wir beginnen, das Horoskop unserer weiblichen, in Harrow geborenen Person zu zeichnen. Die Gegend hat eine Länge von weniger als einem halben Grad westlich von Greenwich und eine Breite von 51 und mehr als einem halben Grad nördlich des Äquators. Denken Sie daran: Wenn wir dieses ganz in Ziffern schreiben, würden wir das als etwa 51° 40' N, 0° 25' W betrachten, denn ein Grad hat 60 Minuten (60').

1. KALKULATION DER STERNZEIT DER GEBURT

Zuerst müssen wir die Greenwich Mean Time der Geburt feststellen. Im Juli 1951 galt in Harrow die Britische Sommerzeit (BST), eine Stunde vor der GMT. Wir ziehen daher die Stunde ab (Tabelle unten).

Man kann Bücher der Ephemeriden für jeden Monat in jedem Jahr, für Zeitabschnitte bis zu einem Jahrhundert kaufen, was das Addieren für den Monat und Tag überflüssig macht. Tabelle. 1 gibt die Sternzeit um Mitternacht des 31. Dezember/1. Januar 1950/51 mit 06.39 an.

01.30
01.00
00.30

Dazu addieren wir 00.30 für die halbe Stunde nach Mitternacht, zu der die Geburt erfolgte. 1951 ist ein Normaljahr, kein Schaltjahr, daher müssen wir aus Tab. 2 11 Stunden, 54 Minuten für den Monat (Juli) und aus Tab. 3 für den zweiten Tag des Monats 4 Minuten addieren. Tab. 4 zeigt, daß für die halbe Stunde nach Mitternacht nichts addiert werden muß. Wird ein Buch der monatlichen Epheremiden benutzt, ist die Kalkulation wie in der Tabelle auf Seite 20 oben.

Bei Präzisionsarbeit würden wir für das knappe hal-

OBEN Santosh Perera, ein Astrologe aus Sri Lanka.

ZUSAMMENFASSUNG

Sternzeit für 31. Dez./1. Jan. 1950/51	06.39
Addiere 0.30 (Geburtszeit)	00.30
Addition für Monat (Juli)	11.54
Addition für Tag (2.)	00.04
Addition für Stunden	00.00
Summe	19.07

(Denken Sie daran, daß eine Stunde 60 Minuten hat!)

be Grad, das Harrow westlich von Greenwich liegt, zwei Minuten abziehen, was 19 Uhr, 05 Minuten ergibt, doch

Sternzeit für Mittag,1. Juli 1951	06.34.56
Addition für 12 1/2 Stunden (um die Zeit auf 00.30 am 2. Juli zu bringen)	12.30.00
Addition von 10 Sek./Stunde, um 12 1/2 Stunden Sonnenzeit in Sternzeit umzusetzen	00.02.05
Summe	19.07.01

wir arbeiten mit dem nächsten Längen- und Breitengrad, was für die meisten Zwecke genügt.

2. KALKULATION DER POSITIONEN DER STERNZEICHEN

Zuerst müssen wir den Grad des Tierkreiszeichens finden, der am Tage und zur Uhrzeit der Geburt direkt südlich auf dem Meridian lag, um ein vernünftigs Horoskop stellen zu können.

Dieser südliche Punkt wird medium coeli (MC, übersetzt "Mitte des Himmels" oder "Himmelsmitte" genannt, auch der "Zenith"). Sein Gegenstück heißt imum coeli oder Nadir. Dafür gehen wir zu Tab. 5, die das MC für alle zwölf Minuten des Sterntages angibt. 19.07 liegt zwischen zwei Zeiten, für die Tierkreispositionen angegeben sind.

19.00	14°
19.12	17°

Die Differenz für 12 Minuten ist 3° oder ein viertel Grad pro Minute. In sieben Minuten ist daher ein Durchgang durch 7 x 1/4 Grad = 1 3/4° erfolgt, so daß der Grad des Tierkreiszeichens am MC 15 3/4 oder - der nächste volle Grad - 16° ist. Denken Sie, wenn sie dieses auf dem Horoskop eintragen, daran, daß der Tierkreis im Uhrzeigersinn wandert, somit sind 16° (Steinbock) rechts oder westlich des MC, 14° links oder östlich.

Die Intervalle zwischen den Graden des Tierkreises sind nie geringer als zwei oder mehr als vier pro 12 Minuten Sternzeit. Tab. 6 dient der Kalkulation dieser Intervalle, ausgedrückt in Bruchteilen, und der nächsten ganzen Grade, die pro Minute zu addieren sind.

Die einfachste Methode, die Sternzeichen einzupassen, die jeder 30° des Gürtels einnehmen, ist, eine Reihe von 30°-Segmenten von jedem Ende des Steinbocks einzuzeichnen. Das bedeutet, daß Schütze die nächsten 30°

TABELLE 5

Minuten	Minuten 2 Grad	dazu	Minuten 3 Grad	dazu	Minuten 4 Grad	dazu
1	1/6	0	1/4	0	1/3	0
2	1/3	0	1/2	1	2/3	1
3	1/2	1	3/4	1	1	1
4	2/3	1	1	1	1 1/3	1
5	5/6	1	1 1/4	1	1 2/3	2
6	1	1	1 1/2	2	2	2
7	1 1/6	1	1 3/4	2	2 1/3	2
8	1 1/3	1	2	2	2 2/3	3
9	1 1/2	2	2 1/4	2	3	3
10	1 2/3	2	2 1/2	3	3 1/3	3
11	1 5/6	2	2 3/4	3	3 2/3	4

nach Westen einnimmt, Skorpion die nächsten, der Deszendent teilt Waage 14°/16°, und imum coeli und Aszendent teilen Krebs bzw. Widder im selben Verhältnis.

Diese Methode wird von einigen Praktikern angewandt. Andere verurteilen sie als allzu einfach und weisen darauf hin, daß es einen offensichtlichen Mangel an Gleichmäßigkeit in der täglichen Bewegung der Erde gibt (wegen der Schrägkeit der Ekliptik, wodurch die eine Hälfte der Zeichen langsamer als die andere aufsteigt). Auf der Nordhalbkugel sind das Krebs, Löwe, Jungfrau, Waage, Skorpion und Schütze, und sie werden als Zeichen des "langen Aufstiegs" klassifiziert; Zwillinge, Stier, Widder, Fische, Wassermann und Steinbock steigen schneller auf und werden als Zeichen des "kurzen Aufstiegs" bezeichnet. Löwe z.B. kann auf gewissen Breitengraden mehr als doppelt soviel Zeit wie Fische und Widder für einen kompletten Aufstieg benötigen. Auf der Südhalbkugel sind die Positionen umgekehrt, mit dem interessanten Ergebnis, daß auf der Nordhalbkugel mehr Menschen unter der Zeichengruppe von Krebs bis Schütze geboren werden und auf der Südhalbkugel mehr im Abschnitt Zwillinge bis Steinbock.

Es gibt auch mehrere Methoden der Anbringung der Häuser. Die einfachste ist die der gleichen Häuser, die jedem einen Abschnitt von 30° zuteilt. Die Spitze des ersten Hauses fällt mit dem Radius vom Mittelpunkt des Kreises zum Aszendenten (9 Uhr), die zweite bis 8Uhr zusammen, usw.

3. EINZEICHNEN DER PLANETENPOSITIONEN

Wir schlagen unsere Ephemeridentabellen auf der Seite für Juli 1951 auf. Sie gibt die Positionen der Planeten an jedem Tag des Monats um Mittag Sternzeit an. (Es gibt

Auszug aus einer Ephemeride

Tag	Sternenzeit	☉	0 Uhr ☽	Mittag ☽	☊	☿	♀
1 Su	6 34 56	8 ♋ 50 41	2 ♊ 3 42	8 ♊ 1 1	12 ♓ 7.0	15 ♋ 54.2	24 ♌ 74.2
2 M	6 38 53	9 47 54	13 57 34	19 53 36	11R 55.6	17 59.1	25 1.5
		♂	♃	♄	♅	♆	♇
		28 ♊ 19.0	12 ♈ 22.4	26 ♍ 28.2	9 ♋ 37.8	16 ♎ 45.4	18 ♌ 15.6
		28 59.7	12 28.4	26 31,5	9 41.5	15 45.5	18 17.1

Tabellen mit Angaben für Mitternacht, doch in der Regel wird Mittag benutzt.) Da die Geburt sich um 00.30 GMT am 2. Juli ereignete, ist es bequemer, den 1. Juli als Ausgangspunkt zu benutzen und diejenigen Än-

09	47	54
08	50	41
	57	13 (57 zur nächsten Min.)

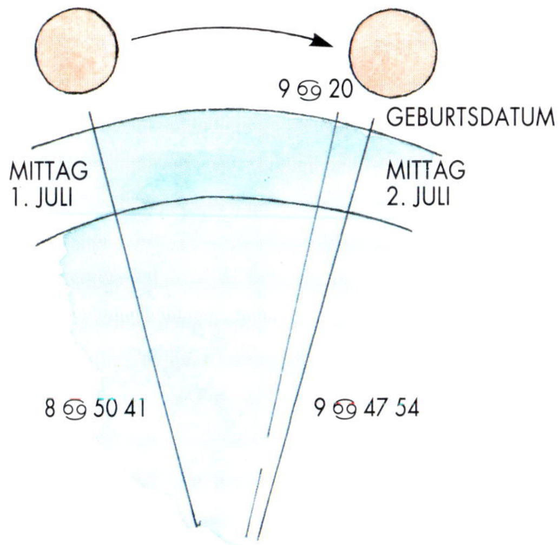

OBEN Das Diagramm stellt in optischer Form die mathematische Berechnung der Sonnenposition zur Zeit der Geburt der Frau ausHarrow dar - Mittag bis Mittag minus des berechneten Teiles.

derungen zu addieren, die für die Bewegungen der Planeten gemacht werden müssen, anstatt sie von Mittag des 2. Juli abzuziehen.

Zuerst finden wir die Position der Sonne zur Geburtszeit. Am 1. Juli war sie 8 (Krebs) 50 41 und am 2. Juli 9 (Krebs) 47 54. Wir stellen fest, wie weit die Sonne von Mittag am ersten bis zum Mittag am zweiten gewandert ist, indem wir die erste von der zweiten Zahl abziehen.

Tabelle A

0,2821
1,4025
1,6846

Als nächstes multiplizieren wir die tägliche Bewegung der Sonne mit dem Teil der 24 Stunden von Mittag am 1. Juli bis 00.30 + 2'5" (Sternzeit) am 2. Juli, d.h. 12 Stunden, 32'5". Das macht man am einfachsten mit Logarithmen. Unsere Person wurde um 12 Uhr, 32 Minuten nach Mittag geboren (die Sekunden können wir ignorieren). Daher gehen wir zur Spalte mit der 12 im Kopf und gehen mit dem Finger nach unten auf 32 Minuten. Die

Tabelle B

08.50.41
00.29.45
09.20.26

Zahl ist 0,2821 (die 0 ist inbegriffen). Dann finden wir in der Minutenspalte 57, und in der Spalte mit der 0 in der Kopfzeile steht die Zahl 1,4025. Wir addieren beide Zahlen (Tabelle A).

Wir schauen in der Logarithmentafel nach der Zahl, die dieser am nächsten ist. Das ist 1,6812, was in der

Tabelle C

19	53	36
8	01	01
11	52	35
		(11 53 zur nächsten Minute)

Konventionelle Darstellungen der Sternzeichen auf der Grundlage der Sterne, die sie andeuten. Sie stammen aus Hyginus, Poeticon Astrononomicon de Mundi et Sphaera (Venedig, 482).

Tabelle D Logarithmus bei Geburt der Person / Logarithmus der Mondbewegung

Logarithmus bei Geburt der Person	0.2821
Logarithmus der Mondbewegung	0.3053
	0.5874

Minutenspalte 30 entspricht (tatsächlich repräsentiert sie eine Zahl einen Bruchteil unter 30). Wir können das prüfen, indem wir 57 durch 2 teilen (= 28 1/2), was 12

Tabelle E

8 01 01
6 12 01
14 13 01

Stunden Weg bedeutet, und 1 3/4 für die zusätzliche halbe Stunde addieren, was 29 3/4 oder einen Bruchteil unter 30 ergibt. Ein Taschenrechner ergibt 29,76 (2'45"). Die Position der Sonne am 2. Juli um 0.30 Uhr

Tabelle F

17 59 01
15 54 02
2 04 59

Tabelle G

Logarithmus bei Geburt	0,2821
Logarithmus des Merkur	1,0614
	1,3435

finden Sie in der Tabelle B.
Die Position des Mondes am Mittag des 1. Juli war 8

Tabelle H

15 64 02
1 05 00
16 59 02

(Zwillinge) 1.1 und am 2. Juli 19 (Zwillinge) 53.56. Wir nehmen für den Mond und die anderen Planeten dassel

Tabelle I

Mittag 2. Juli	25 01 05
Mittag 1. Juli	24 07 02
	54 03

be Verfahren vor wie für die Sonne. Zuerst wird die Position am Mittag des 1. Juli von der am 2. Juli abgezo

Die Ergebnisse der vorliegenden Kalkulation:

Planet	☉	☽	☿	♀	♂	♃	♄	♅	♆	♇
tägl. Bewegung	00 57.13	11 52.35	02 4.59	00.54.3	00. 40.7	00. 06.1	00. 03.03	00. 03.57	00. 00.1	00. 01.55
Log.Geb./Diff.	0.2821	0.2821	0.2821	0.2821	0.2821	0.2821	0.2821	0.2821	0.2821	0.2821
Log. tägl. Bew.	1.4025	0.3053	1.0614	1.4260	1.5563	2.3802	2.6812	2.5563	—	2.8573
Summe Log.	1.6846	0.5874	1.3435	1.7081	1.8384	2.6623	2.9633	2.8384	—	3.1394
Position 2. Juli	08 ♋ 51.41	08 ♊ 1	15 ♋ 54	24 ♌ 7	28 ♊ 19	12 ♈ 22	26 ♍ 28	9 ♋ 37	16 ♎ 45	18 ♌ 15
Korrektur	0.30	6.12	0.53	0.28	0.21	0.03	0.2	0.2	—	00.00.01
Richtiger Wert	09♋21	14 ♊ 13	16 ♋ 47	24 ♌ 35	28 ♊ 40	12 ♈ 25	26 ♍ 30	9 ♋ 39	16 ♎ 45	18 ♌ 15

gen Tabelle C). Die nächste Zahl dazu in der Logarithmentafel ist 5878, die 6°12' repräsentiert. Addieren Sie dieses zu 8 01 01 (Tabelle E). Der Mond ist daher bei 14 (Zwillinge) 13 im Geburtshoroskop. Merkur war am 1. Juli 1951 bei 15 (Krebs) 54 02 und am 2. Juli bei 17 (Krebs) 59 01 (Tabelle F). Ergebnis Tabelle G: Nächste Zahl zu 1,3435 in der Logarithmentafel ist 1,5. Tabelle H: Merkur ist bei 16 (Krebs) 59 02 im Horoskop. Stand

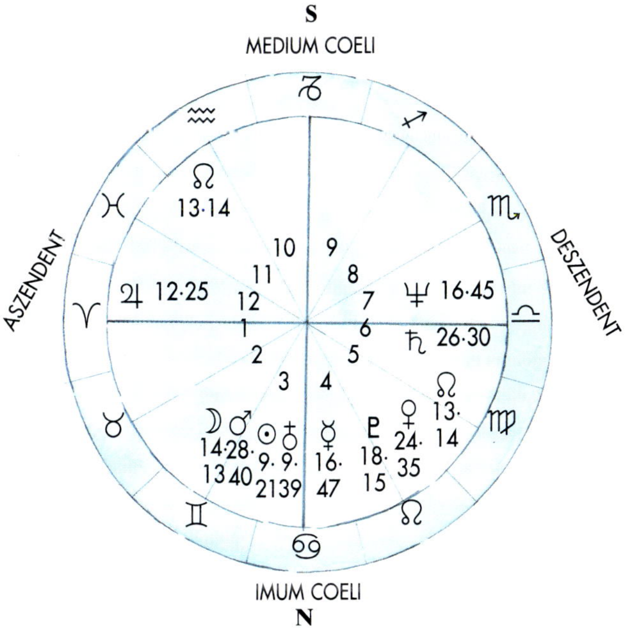

OBEN Das Horoskop der am 2. Juli 1951 um 1.30 in Harrow, England, geborenen Frau. (Vgl. S. 26 und Kapitel Vier.)

der Venus (Tabelle I): Die verhältnismäßige Addition ergibt 28, somit haben wir Venus bei 54.03 plus 28' = 54.31, d.h. 54 (Zwillinge) 31. Die Ergebnisse der vorstehenden Kalkulationen (Tabellen) können mit denen für die übrigen Planeten zusammengefaßt werden; siehe große Tabelle oben.

Die Positionen der Planeten können jetzt in das Diagramm eingegeben werden. Es ist am besten, sie so zu schreiben, daß sie ohne Herumdrehen des Horoskops gelesen werden können. Es ist für die durchzuführende Auslegung nicht erforderlich, daß ihre Einzeichnung im Diagramm exakt ist. Wenn sie in den richtigen Häusern untergebracht sind an ihre genaue relative Position zu den Zeichen, können sie nach Belieben eingetragen werden.

4. DIE BEZIEHUNGEN DER PLANETEN ZU DEN ZEICHEN

Dieser Aspekt der Auslegung behandelt die Eigenschaften der Zeichen und Planeten, in Kapitel Drei beschrieben, und die Anwendung der Grundsätze, die in Kapitel Vier, Interpretation, erörtert ist.

5. DIE PLANETEN IN BEZIEHUNG ZU DEN HÄUSERN

Denken Sie wieder an die Eigenschaften der Planeten und die von den Häusern kontrollierten Bereiche (s. S. 98) und wenden Sie die unter "Interpretation" in Kapitel Vier beschriebenen Techniken an.

TABELLE 7 ASPEKTE DER PLANETEN						
ASPEKT	**NAME**	**ORBIT**	**SYMBOL**	**STAND ZEICHEN**	**KRAFT**	**QUALITÄT**
0°	Konjunktion	8°	☌	0	Stark	ungewiß
30°	Halbsextil	2°	⚺	1	schwach	ungewiß
45°	Halbquadrat	2°	L	2	schwach	ungewiß
60°	Sextil	6°	✶	2	mäßig	gut
90°	Quadrat	8°	□	3	stark	schlecht
120°	Trigonal	8°	△	4	stark	gut
135°	Sesquiquadrat	2°	⚼	5	schwach	ungewiß
150°	Quincunx	2°	⚻	5–6	schwach	ungewiß
180°	Opposition	8°	☍	6	stark	schlecht
Verschiedene	Parallele der Deklination	1 1/2°	P	—	stark	ungewiß

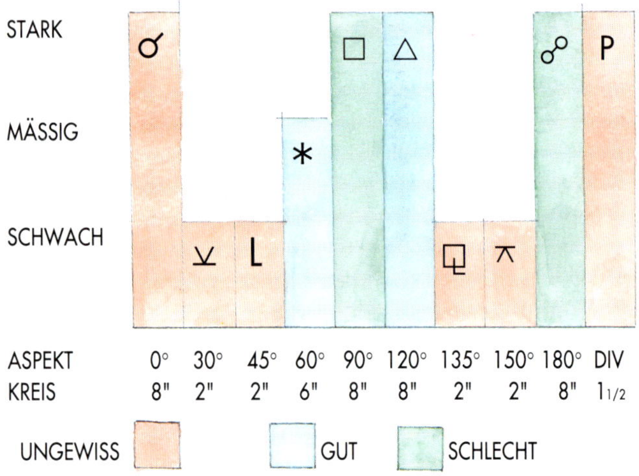

☌ KONJUNKTION

⚺ HALBSEXTIL

L HALBQUADRAT

✶ SEXTIL

□ QUADRAT

△ TRIGONAL

⚼ SESQUIQUADRAT

⚻ QUINCUNX

☍ OPPOSITION

P PARALLELE DER DEKLINATION

OBEN Das Balkendiagramm oben zeigt die Modifizierung des Einflusses der Planeten durch ihre Wechselbeziehungen, einander in positiver oder negativer Weise stärkend oder schwächend.

6. DIE ASPEKTE DER PLANETEN

Die Einflüsse der Planeten werden in positiver oder negativer Weise durch ihre Winkelbeziehungen zueinander modifiziert. Diese Beziehungen heißen "Aspekte" und werden zwischen zwei Planeten gemessen oder zwischen einem Planeten und dem Aszendenten, dem MC oder dem Aszendenten, längs der Ekliptik in Graden und Minuten der Himmelslänge.

Astrologen berücksichtigen einen Spielraum, Einflußgebiet genannt, von einigen Graden zwischen 2° und 8° (s. Tab. 7 unten) beiderseits eines Aspektes und betrachten Planeten "innerhalb eines Einflußgebietes" als im Aspekt. Diese Beziehungen betonen die mit den Planeten assoziierten Eigenschaften und rufen starke oder schwache psychologische Tendenzen hervor, die der Betreffende entweder zum Guten nutzen oder vor denen er sich hüten muß.

Es gibt zehn Aspekte, von denen fünf als wichtig, drei als gering und zwei als relativ unbedeutend betrachtet werden. Astrologen weichen in ihrer Einschätzung der geringeren Aspekte voneinander ab. Die Formel für das Angeben von Aspekten ist, das Symbol des einen Planeten zu schreiben, dann die Glyphe für den ausgedrückten Aspekt und schließlich das Symbol des zweiten Planeten. Merkur in Konjunktion zu Venus z.B. wird geschrieben

Konjunktion: Die Eigenschaften der Planeten in Konjunktion verstärken einander stark.

Halbsextil: Von geringerer Bedeutung, weist aber auf Bedingungen hin, die vom Betreffenden bewußte Anstrengungen verlangen, sie zu nutzen oder zu überwinden.

Halbquadrat s. Halbsextil.

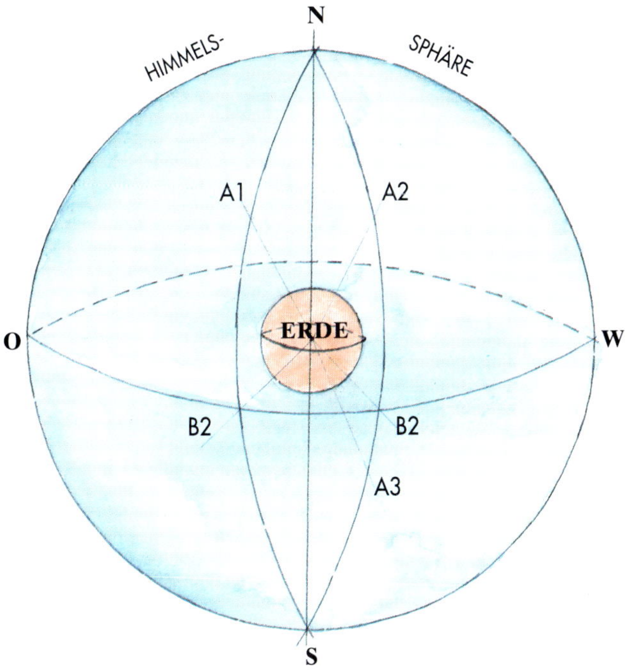

OBEN Die Planeten A1 und A2 sind auf demselben Winkel nördlich des Äquators und verstärken einander, ebenso wie B1 und B2 südlich des Äquators, doch sind sie in Opposition zu A3.

Sextil: Zeigt einen mäßigen harmonischen Einfluß der guten Eigenschaften des Planeten an, wenn ihnen und den Zeichen, in denen sie festgestellt werden, gleiche Beachtung geschenkt wird.

Quadrat: Eine unharmonische Kraft, die Frustration, Unausgewogenheit und inneren Konflikt bewirken kann. Wenn der Betreffende eine ausreichend starke Persönlichkeit hat, die durch die Kombination der Einflüsse freigesetzten Energien zu nutzen, kann es ihm gelingen, die Lage zu seinen Gunsten zu wenden.

Sesquiquadrat: s. Halbsextil.

Quincunx: s. Halbsextil.

Opposition: Zeigt Spannung an, sogar Feindseligkeit zwischen den betroffenen Planeten und Zeichen, was möglicherweise zu schizophrenen inneren Konflikten führen kann. Die betroffene Person, sollte sich auf die Entwicklung derjenigen Eigenschaften der Zeichen und Planeten konzentrieren, die einander ergänzen, und so die nicht harmonisierenden Elemente ausmerzen. Sie kann damit eine Ganzheit der Persönlichkeit entwickeln und ein ausgewogenes Ich bewirken.

Parallele der Deklination: Deklination kann als die Winkelentfernung des Himmelskörpers vom Himmelsäquator definiert werden, gemessen auf dem Großkreis, der durch Nord- und Südpol des Himmels verläuft und, wenn die Messung von der Erde erfolgt, der Nord-Süd-Achse, die durch die Erde verläuft. Da Himmels- und Erdäquator parallel zueinander sind, entspricht die Deklination eines Planeten der irdischen Länge und wird in Graden und Minuten nördlich und südlich des Äquators gemessen.

Planeten mit derselben Deklination sind "parallel" und verstärken ihren Einfluß und ihre Eigenschaften gegenseitig, wenn sie auf derselben Äquatorseite sind, aber in Opposition, wenn sie auf entgegengesetzten Seiten sind. Die Deklination aller Planeten mit Ausnahme des Mondes kann proportional kalkuliert werden.

Bleibt noch ein Punkt im Horoskop einzutragen. In jedem Lunarmonat vollendet der Mond eine drakonitische Umdrehung von etwa 27 Tagen, wobei er zweimal die Ekliptik kreuzt. Eine Überquerung erfolgt von Süd nach Nord, als aufsteigender oder Nordknotenpunkt bekannt und durch das Symbol ☊ dargestellt. Der andere, von Nord nach Süd, ist der absteigende oder Südknotenpunkt, und sein Symbol ist ☊. Sie werden manchmal als Drachenkopf bzw. Drachenschwanz bezeichnet.

Die Beziehungen des Nordknotenpunktes zu Zeichen, Häusern und Planetenaspekten gelten als Hinweise auf Vergünstigungen, die der Betreffende ohne Anstrengungen erhält (z.B. unerwartete Gaben oder eine Erbschaft). Die Position des Südknotenpunktes, immer den nördlichen genau entgegengesetzt, zeigt Behinderungen, Opfer oder auch Gesundheitsbeschwerden an. Der Nordknoten wird in manchen Ephemeriden angegeben, in anderen als "wahrer Knotenpunkt", welcher nicht der zu benutzende ist. Die "American Ephemeris for the 20th Century" z.B. gibt unten auf der Seite ein "Mittel" für jeden Monat an, wobei der für den 12. Juli 1951 13 ♊ 12,1 ist.

Die Addition für die Sekunde, auf der Innenseite des Umschlages angegeben, ist 3,2 oder 3 Minuten 12 Sekunden oder 192 Sekunden oder 4 Sekunden für jede halbe Stunde. Von 12 Uhr mittags des 1. Juli bis 00.30 Uhr am 2. Juli sind es 25 halbe Stunden (plus 2 Minuten,

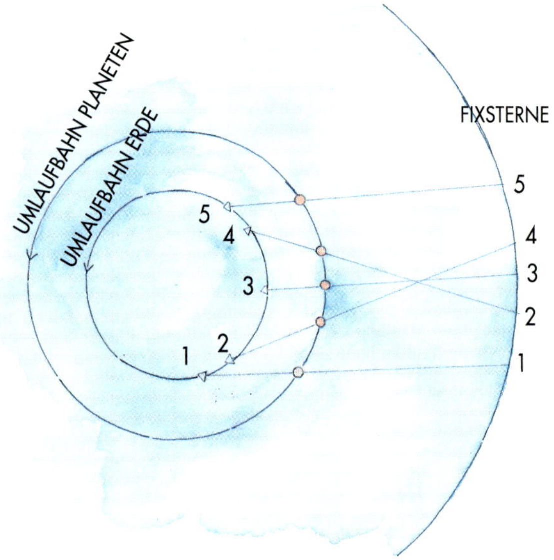

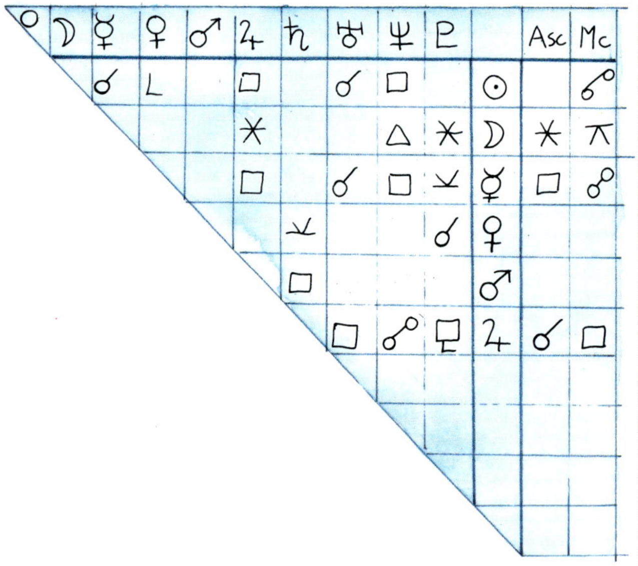

OBEN Rückläufige Bewegung der Planeten. Die Zahlen 1 bis 5 auf der Erde stehen für die Positionen des Beobachters eines Planeten, der vor dem Hintergrund der Fixsterne an aufeinanderfolgenden Tagen gesehen wird. Der Planet scheint sich von 1 bis 23 vorwärts zu bewegen, von 2 bis 43 rückwärts und danach vorwärts nach 5.

OBEN RECHTS Eine Tabelle der Aspekte der Planeten im Horoskop der Frau aus Harrow. Lesen Sie abwärts vom Planetensymbol in der obersten Zeile bis zum Symbol in der Zeile ohne Kopf. Merkur z.B. ist in Konjunktion zur Sonne, die in Opposition zum MC ist.

TABELLE 6

SZ	MC	SZ	MC	SZ	MC	SZ	MC
00.00	0 ♈	06.00	0 ♋	12.00	0 ♎	18.00	0 ♑
00.12	3	06.12	3	12.12	3	18.12	3
00.24	.7	06.24	6	12.24	7	18.24	6
00.36	10	06.36	8	12.36	10	18.36	8
0.48	13	06.48	11	12.48	13	18.48	11
01.00	16	07.00	14	13.00	16	19.00	14
01.12	20	07.12	17	13.12	20	19.12	17
01.24	23	07.24	19	13.24	23	19.24	19
01.36	26	07.36	22	13.36	26	19.36	22
01.48	29	07.48	25	13.48	29	19.48	25
02.00	2 ♉	08.00	28	14.00	2 ♏	20.00	28
02.12	5	08.12	1 ♌	14.12	5	20.12	1 ♒
02.24	8	08.24	4	14.24	8	20.24	4
02.36	11	08,36	7	14.36	11	20.36	7
02.48	14	08.48	10	14.48	14	20.48	10
03.00	17	09.00	13	15.00	17	21.00	13
03.12	20	09.12	16	15.12	20	21.12	16
03.24	23	09.24	19	15.24	23	21.24	19
03.36	26	09.36	22	15.36	26	21.36	22
03.48	29	09.48	25	15.48	29	21.48	25
04.00	2 ♊	10.00	28	16.00	2 ♐	22.00	28
04.12	5	10.12	1 ♏	16.12	5	22.12	1 ♓
04.24	8	10.24	4	16.24	8	22.24	4
04.36	11	10.36	7	16.36	11	22.36	7
04.48	13	10.48	11	16.48	13	22.48	11
05.00	16	11.00	14	17.00	16	23.00	14
05.12	19	11.12	17	17.12	19	23.12	17
05.24	22	11.24	20	17.24	22	23.24	20
05.36	25	11.36	23	17.36	25	23.36	23
05.48	27	11.48	27	17.48	27	23.48	27
						(24 = 00.00)	

LINKS Omen am Himmel riefen in vergangenen Zeiten Bestürzung hervor. Hier zeigt die Bevölkerung Erstaunen und Furcht bei einer Sonnenfinsternis, und die Astrologen berechnen ihre Bedeutung.

5 Sekunden für die Umsetzung in Sternzeit, doch ist die Zahl in diesem Beispiel ohne Bedeutung und kann ignoriert werden). Somit müssen wir 100 Sekunden zu 13 ♊ 12,1 addieren, was insgesamt 13 ♊ 14 zur nächsten Minute ergibt. Wir können daher den südlichen Knotenpunkt bei 13 ♍ 14 eintragen.

7. KORREKTUREN FÜR RÜCKLÄUFIGE PLANETEN

In den meisten Horoskopen sind einige Planeten mit R markiert, was für "retrograd" steht, weil sie auf ihren Bahnen rückwärts zu ziehen scheinen. Alle astrologischen Planeten mit Ausnahme von Sonne und Mond sind manchmal rückläufig: Merkur 20 bis 24 Tage alle 3 1/2 Monate, Venus 5 bis 7 Wochen etwa alle 19 Monate, Mars 10 bis 12 Wochen etwa alle 26 Monate, Jupiter 4 Monate in unregelmäßigen Abständen und Saturn, Uranus, Neptun und Pluto 4 bis 8, 5 bis 7, etwa 5 bzw. 5 bis 8 Monate in jedem Jahr.

Wenn eine Position für einen rückläufigen Planeten vor der gegebenen Ephemeridenzeit zu berechnen ist, muß die Intrapolation addiert werden, weil die Ephemeridenposition weniger als die früheren Positionen ist. Soll eine Position nach der Ephemeridenposition festgestellt werden, muß die Interpolation subtrahiert werden. Betrachten Sie die folgenden Beispiele:

1. Stellen Sie die Position des mars um 6.00 GMT am 5.

März 1965 fest. 6.00 GMT am 5. März ist 6 Stunden plus 10 Sekunden pro Stunde Sternzeit vor Mittag an diesem Tage = 6 Stunden, 1 Minute.

Mittagsposition des Mars, retrograd, am 4. März 1965
20 41.2

Mittagsposition des Mars, retrograd, am 5. März 1965
20 18,2

Differenz für 24 Stunden 23,0

Differenz für 6 Std. 1 Minute (mit Rechner, auch Kalkulationen mit Logarithmen können benutzt werden) 5,8

Verlangte Position (20 18,2 + 5,8) 20 24,0

2. Stellen Sie die Position des Mars um 6.00 GMT am 4. März 1965 fest. Wie oben beträgt die Differenz für 6 Stunden, 1 Minute Sternzeit 5,8.
Ziehen Sie dieses von der Mittagsposition des Mars am 4. März ab:

20 41,2 - 5,8 = 20 35,4

Achten Sie darauf, daß in den vorstehenden Zahlen die Sekunden als Dezimalbrüche einer Minute angegeben sind.

In einer Ephemeridentabelle sind alle Zeiten nach dem Zeichen R retrograd, bis D (für "direkt") in der Spalte erscheint - dieses markiert den Wendepunkt, an dem der Planet die Vorwärtsbewegung wieder aufgenommen hat oder wieder aufnehmen wird.

DIE ZUKUNFT VORAUSSAGEN

Die Astrologie verwendet Durchgänge und Progressionen als "Fahrpläne" für die Zukunft. Durchgänge sind Bewegungen der Planeten, die durch Formeln wie T♃☌☿ ausgedrückt werden, was bedeutet, "passiert Jupiter in Konjunktion mit Merkur". Der Durchgang wird dementsprechend interpretiert, ob die Planeten innerhalb des Einflußbereiches der Konjunktion sind und sich in Richtung auf die Vollendung bewegen, oder ob sie sich nach totaler Übereinstimmung voneinander fortbewegen. Das erste zeigt eine

BEISPIEL: Berechnen Sie die astrologischen Bedingungen am Mittag des 27. Juni 1991 für eine Person, die am 3. Oktober 1963 um 14.53 Uhr geboren wurde.

	Jahre	Monate	Tage	Stunden	Minuten
Stunden und Minuten nach der Geburt am 13. Okt. bis Mitternacht				9	7
Tage vom 13. bis Ende Oktober			18		
Monate ab Oktober bis Ende 1963		2			
Jahre von 1964 bis 1990	27				
Monate 1991 bis Ende Mai		5			
Tage bis 26. Juni			26		
Stunden am 27. Juni bis Mitternacht				12	
Zusammen	27	8	14	21	7
(30 Tage aus der Tagesspalte werden als ein Monat vorgetragen.)					

Progressionsberechnungen 37 Jahre = 27 Tage; 8 Monate = 16 Stunden; 14 Tage = 1 Stunde; 21 Stunden = 3 1/2 Minuten; 7 Minuten ist zu gering, um berücksichtigt zu werden. Insgesamt: 27 Tage, 18 Stunden bis zur nächsten Stunde. Addieren wir 27 Tage 18 Stunden zur Geburtszeit, gelangen wir zu 08.53 am 10. November, wenn der Himmel ungefähr dem am Mittag des 27. Juni 1991 gleich ist. Eine Kalkulation auf einer Basis von 10.119 Tagen zwischen den vorstehenden Daten geteilt durch 365 1/4, was Schaltjahre berücksichtigt, ergibt genau dasselbe zeitliche Ergebnis.

zunehmende Wechselwirkung der Einflüsse beider Planeten an, letzteres deren Abnehmen. Es gibt auch bestimmte Schlüsselpunkte, wie z.B. den Aszendenten und das MC, an denen die Planeten beim Vorbeiziehen einen größeren Einfluß ausüben.

Für die vielen, die ihre Geburtsstunde nicht wissen, kann ein "flaches" Horoskop erstellt werden, mit 0° Widder im Aszendenten und den Planeten in ihrer Mittagsposition am Tag der Geburt. Dieses ist zu ungenau, um befriedigend zu sein. Der Astrologe kann zwei oder mehr Berechnungen auf der Grundlage verschiedener Zeiten am Geburtstag nehmen und entscheiden, welche den Eigenschaften der betreffenden Person am ehesten entspricht, doch ist dies zu subjektiv. Eine bessere Methode ist, ein Horoskop für die Daten und Uhrzeiten wichtiger Ereignisse im Leben der Person zu erstellen.

DIE HÄUSER

Es gibt mehrere Systeme, die Teilungen der Häuser in ein Horoskop einzuzeichnen. Ein ernsthafter Horoskop-Steller sollte hier Fachliteratur zu Rate ziehen, die Berechnungen vereinfacht (etwa durch die Listen der Hausspitzen).

DIE ZEICHEN

Der den Zeichen eingeräumte Raum verändert sich entsprechend ihren Positionen im Tierkreis, er weitet sich aus oder zieht sich zusammen. Die Breiten des Auf- und Untergehens der Himmelskörper werden von der Erdneigung bestimmt; daraus ergeben sich die Zeichen langen und kurzen Aufsteigens.

OBEN Ein Tierkreis aus *Les Tres Riches Heures du Duc De Berry*, der den Einfluß der verschiedenen Konstellationen auf die Körperteile zeigt.

LINKS Auf diesem Holzschnitt sindr arabische Astrologen zu sehen, die frühe astrologische Instrumente benutzen.

UNTEN Ein astrologisches Diagramm der Nordhalbkugel, das die Konstellationen zeigt, aus dem prächtig bebilderten *Atlas Coelestis* des Andreas Cellarius.

KAPITEL ZWEI

DIE TIERKREISZEICHEN

Aus Gründen der Kürze wurde das maskuline Pronomen durchgehend verwendet, wenn sich Anmerkungen sowohl auf männliche als auch auf weibliche Subjekte beziehen.

♈ WIDDER ♈

Die Frühlings-Tag-und-Nachtgleiche, der 21. März, ist der Beginn des Tierkreisjahres, und daher ist Widder das Zeichen neuer Anfänge. Der junge Widder ist waghalsig, ehrgeizig, impulsiv, enthusiastisch und voller Energie. Er ist ein Pionier im Denken wie in der Tat, neuen Ideen gegenüber sehr aufgeschlossen und freiheitsliebend. Er begrüßt Herausforderungen und wird sich von seinen Zielen nicht abbringen lassen, außer durch die eigene Ungeduld, wenn er keine raschen Ergebnisse erzielt.

Widder sind beherzte Führer mit echtem Interesse an den von ihnen Befehligten, doch werden sie nicht zögern, ihre Untergebenen für die eigenen Ziele zu benutzen. Als Gefolgsleute können sie unangenehm

RECHTS Charles (Charlie) Spencer Chaplin (1889-1977), geboren am 16. April. Seine Arbeit in der neuen Kunstform des Films hatte die mit Widder in Verbindung gebrachten Pionierqualitäten.

LINKS Widder, aus einem englischen Psalter, York, etwa 1170.

RECHTS Marlon Brando, geb. 3. April 1924, beweist Widdereigenschaften in vielen seiner Rollen - Energie, Mut und Entschlossenheit sowie ein Macho-Image.

Triumph

PHYSISCHE ATTRIBUTE

OBEN Adolf Hitler (1889-1945), geboren am 20. April.

Physisch sind Widder mäßig in Größe und Körperumfang, neigen zu Magerkeit, sind aber starkknochig und haben kräftige Gliedmaßen. Ein langer Kopf mit einem langen Hals sitzt auf oft breiten Schultern. Sie sind zumeist sehr tiefe Schläfer wegen des erschöpfenden Tempos, mit dem sie durch das Leben eilen.

sein, denn sie neigen dazu, in Wort und Tat maßlos zu sein. Sie können schlecht gehorchen oder Anweisungen befolgen, für die sie keinen Grund sehen oder mit denen sie nicht einverstanden sind. Sie sind stark an sich selbst interessiert, positiv wie negativ, selbstsicher, doch auch selbstbezogen, und mit ihrem persönlichen Weiterkommen und physischer Befriedigung bis hin zur Gier beschäftigt. Ihre enorme Energie macht sie aggressiv und ruhelos, streitlustig, eigensinnig, aufbrausend, leicht verletzlich und fähig, Groll zu nähren, wenn sie sich verletzt fühlen. Daher werden Vorgesetzte, wenn sie mit ihren Widdern gut zusammenarbeiten und ihre guten Qualitäten anerkennen, von ihnen absolute Loyalität erhalten. Doch wenn ein Widder sich nicht gewürdigt oder gar ausgebeutet fühlt, wird er dazu neigen, impulsiv zu kündigen, Ressentiments zu hegen und sich in Extremfällen sogar durch Verleumdung seiner ehemaligen Firma oder durch Sabotageakte zu rächen.

OBEN Eine Darstellung eines Widders aus einer türkischen Abhandlung des 16. Jh. über Astrologie. Der abgeschlagene Kopf soll vielleicht Unmäßigkeit andeuten.

In ihren persönlichen Beziehungen sind Widder frei, direkt und ehrlich und schließen begeistert und großzügig Freundschaften. Sie neigen zu einem intensiven Sexualtrieb und sind leidenschaftliche, anspruchsvolle Liebhaber. Es gibt jedoch eine negative Seite in ihren Beziehungen zu anderen. Sie werden leicht durch Langsamkeit oder Mäßigung ihrer Gefährten gereizt und gehen dann, obwohl selbst sensibel, rücksichtlos über die Empfindlichkeiten anderer hinweg. Die Heftigkeit ihrer sexuellen Triebe kann sie zur Promiskuität treiben. Das kann sie auch zu unklugen Ehen verleiten.

Ihr Verlangen nach Veränderung wiegt das wenige an Loyalität, das sie besitzen, bei weitem auf. Es ist unwahrscheinlich, daß ihre Hartnäckigkeit, auch wenn sie zum Erreichen kurzfristiger Ziele ausreicht, den Herausforderungen lebenslanger Treue genügt. Sie können brüsk sein, rüde, sogar brutal. Ein Astrologe faßte sie einst kurz als "bestialisch, genußsüchtig, unmäßig und gewalttätig" zusammen.

Geistig sind Widder intellektuell und objektiv, doch können sie selbstgerecht und in Religion und Politik extremistisch sein.. Sie sind aufgeweckt, doch tollkühn und überoptimistisch, nicht sorgfältig und lassen die Fähigkeit vermissen, Schwierigkeiten bei den Unternehmungen einzuschätzen, in die sie sich impulsiv stürzen. Was der Widder am meisten braucht, ist eiserne Selbstkontrolle und die Zügelung der Neigungen seines Charakters zum Vorteil der Gesellschaft.

Sie können gute Sportler und Bergsteiger abgeben, Ärzte, Forscher, Soldaten, Seeleute und Flieger, aber auch Führer in Industrie und Politik. Widder regiert Kopf und Gehirn, und die Widder sollen zu Kopfschmerzen, insbesondere Migräne, Sonnenstich, Neuralgien und Depressionen neigen. Verdauungsstörungen und Nervenleiden bedrohen sie ebenfalls, und ihre Übereiltheit, ihr Ungestüm und ihre physische Veranlagung insgesamt machen sie für Unfälle und Körperverletzungen anfällig.

BERÜHMTE WIDDER

Bette Davis (1908-1989), geboren am 5. April. Die Davis wies die Widdereigenschaften der Hartnäckigkeit, des Selbstvertrauens und der Energie auf.

Severiano Ballestero, geboren am 9. April 1957. Für viele der weltbeste Golfspieler; Widder sind oft gute Sportler.

Henry James (1843-1916), geboren am 15. April. Amerikanisch-britischer Romanschriftsteller und Kritiker, eine der einflußreichsten Persönlichkeiten der Literatur ihrer Zeit. Seine ehrfurchtgebietenden, intellektuellen Fähigkeiten können als Wesenszug des Widders betrachtet werden.

Thomas Jefferson (1743-1826), geb. 13. April. Der dritte Präsident der Vereinigten Staaten, dessen ungeheure Vielfalt an Interessen und Tätigkeiten die enorme Energie des Widders belegt.

♉ STIER ♉

Physisch ist der Stier ein untersetzter, stämmiger Typ, manchmal schwer oder sogar plump. Seine Größe reicht von durchschnittlich bis unter dem Durchschnitt, bei breiten Schultern, und er neigt zu langsamem Gang und Korpulenz. Er kann einerseits den Eindruck der Unbeholfenheit und Ungeschicklichkeit vermitteln, da seine Breite unproportioniert zu seiner Größe wirkt, doch andererseits kann er äußerst würdevoll und majestätisch aussehen. Zu seinen Zügen gehören oft eine breite Stirn, gut stehende Augen, eine Adlernase, ein breiter Mund mit dicken Lippen in einem dunklen Gesicht mit schweren Kiefern und dickem, schwarzem oder sandfarbenem Haar, oft grob und gewellt. Er ist häufig nicht nur körperlich , sondern auch in seiner Persönlichkeit ziemlich stark.

RECHTS Dieser Stiergeborene aus einer türkischen Abhandlung des 16. Jahrhunderts stellt die Liebe mancher Stiere zur Musik durch die Lyra dar, die er hält.

LINKS Fred Astaire (1899-1985), geboren am 10. Mai. Amerikanischer Tänzer und Filmstar, körperlich untypisch für einen Stier, doch mit Talent für seine spezielle Kunst des Tanzens, fast ein Genie.

Seine Eigenschaften sind Solidität, praktisches Wesen, extreme Entschlossenheit und Willensstärke. Niemand wird ihn jemals antreiben, doch wird er willig und loyal einem Führer folgen, dem er vertraut. Er ist standfest, ausgewogen, konservativ - ein guter, gesetzestreuer Bürger, der alle hervorragenden Qualitäten der Bourgoisie besitzt. Da er einen Sinn für materielle Werte und physischen Besitz hat, Respekt vor Eigentum und

OBEN William Shakespeare (1564-1616), getauft 26. April.
Shakespeare könnte auch gerade noch im Widder anstatt im Stier geboren sein,
auch wenn die Taufe damals schnellstmöglich auf die Geburt folgte.

OBEN Sigmund Freud (1856-1939), geb.oren am 6. Mai, Vater der modernen Psychologie. Freud war insgesamt ein untypischer Stier. Ein giftiger "Jungianer" würde vielleicht auf die Stiereigenschaften der Widerspenstigkeit und Selbstgerechtigkeit hinweisen.

einen Abscheu vor Verschuldung, wird er alles in seiner Macht stehende tun, die Sicherheit des Status quo zu bewahren. Und er kann stumpfsinnig feindselig gegenüber Veränderungen sein.

Er ist ein treuer und großherziger Freund mit großem Gefühlspotential, doch schließt er selten Freundschaften außerhalb seiner sozialen Schicht, der er exzessiv treu ist. Im Wesentlichen ist er freundlich, ausgewogen, gutherzig, bescheiden und nicht leicht reizbar, mag keinen Streit und vermeidet Übellaunigkeit. Wird er jedoch provoziert, kann er in heftigen Ausbrüchen wütenden Zorns explodieren, bei denen er alle Selbstbeherrschung zu verlieren scheint.

Wenn jemand seine Eigenliebe kränkt, kann er ein entschiedener Feind sein, jedoch großmütig im Verzeihen, wenn sein Kontrahent sich bemüht, ihm auf halbem Wege entgegenzukommen. Er ist überdurchschnittlich sinnlich und in dieser Hinsicht selbstbewußt, doch sexuell geradlinig und Experimenten abgeneigt. Er gibt einen beständigen, treuen, sein Heim liebenden Ehemann und einen aufmerksamen, freundlichen Vater ab, der von Frau und Kindern nicht zu viel verlangt.

Auch wenn seine physische Erscheinung dem widersprechen mag, hat er ein starkes ästhetisches Empfinden, genießt die Kunst, für die er Talent haben kann, die Schönheit und die Musik. Er kann eine starke, manchmal unkonventionelle Religiosität besitzen. Mit seiner Vorliebe für alles Schöne geht eine Liebe zu den physisch guten Dingen des Lebens einher - Vergnügen, Bequemlichkeit, Luxus, gutes Essen und ein guter Wein. Dabei muß er dem Hang zur Maßlosigkeit widerstehen, der zu Trunksucht und Gier führen kann.

Geistig ist er eher scharfsinnig und praktisch als intellektuell. Doch neigt er wegen seiner Vorliebe, anerkannten und verläßlichen Erfahrungsmustern zu folgen, zum Beharren auf seinen Meinungen. Allgemein ist sein Charakter verläßlich, fest, besonnen, gerecht und unerschütterlich angesichts von Schwierigkeiten. Seine Untugenden führen zu Extremen: Zu einem sklavischen Hang an Konventionen, zu hartnäckiger und nervender Selbstgerechtigkeit - ein starrer, ultrakonservativer, zank- und streitsüchtiger Langweiler.

Stier regiert Kehle und Hals, und seine Kinder müssen sich vor Racheninfektionen, Kropf und Krankheiten der Atemwege wie Asthma hüten. Stiere sind für Krankheiten der Genitalien, des Uterus, der Leber und der Nieren sowie für Abszesse und Rheuma anfällig. Weil ihr Körpertyp eine Neigung zu physischer Untätigkeit hat, können Stiere übergewichtig sein.

ARBEIT

OBEN Barbara Streisand, geboren am 24. April 1942, amerikanische Schauspielerin und Sängerin.

Bei der Arbeit ist der Stier fleißig, ein guter Handwerker und hat keine Scheu, sich die Hände schmutzig zu machen. Er ist zuverlässig, praktisch, methodisch und ehrgeizig. innerhalb des Rahmens des Gehorsam gegenüber Vorgesetzten. Am besten ist er in Routinetätigkeiten, die Vertrauen und Verläßlichkeit verlangendie Gefahr von Veränderungen gering ist und am Ende eine Pension wartet. Doch ist er kreativ und als Begründer von Firmen gut, wenn deren Produktivität aus seiner eigenen Arbeit erwächst. Er kann in vielen unterschiedlichen Branchen und Berufen Erfolg haben: Bankwesen, Buchhaltung, Architektur, Baugewerbe, Landwirtschaft, Medizin, Chemie, Industrie, Vermessungswesen, Versicherungsbranche, Erziehung und, vielleicht überraschend, Musik und Bildhauerei. Er gibt einen idealen Vermögensverwalter ab und kann als Küchenchef Ansehen erlangen. Einige Stiere sind talentiert genug, um Opernstars zu werden oder sich, wie die Streisand, in populäreren Musikrichtungen auszuzeichnen.

♊ ZWILLINGE ♊

Gemini, das Zeichen der Zwillinge, ist dualer Natur, unbestimmbar, komplex und widersprüchlich. Einerseits weist der Zwilling die Tugend der Vielseitigkeit auf, andererseits die Untugenden der Doppelgesichtigkeit und Unbeständigkeit. Das Zeichen ist mit Merkur verbunden, dem Planeten der Kindheit und Jugend, und seine Kinder neigen zu den Vorzügen und Fehlern der Jugend. Sie sind sehr attraktiv und können Charmeure sein. Wie Kinder sind sie lebhaft, glücklich - wenn die Umstände es gut mit ihnen meinen -, egozentrisch, phantasievoll und rastlos. Sie nehmen neue Betätigungen begeistert auf, doch sie nutzen sie selten, da sie ständig neue Interessen brauchen und von einem Projekt zum nächsten flattern, ebenso ziellos wie ein Schmetterling, der von Blume zu Blume tanzt. Das Leben ist für sie ein Spiel, bei dem es immer frischen Wind und ständige Unterhaltung geben muß, frei von jeglicher Mühe und Routine.

Da ihnen die Eigenschaft der Gewissenhaftigkeit fehlt, laufen sie Gefahr, verlorene Schlachten zu schlagen. Ihre guten Eigenschaften sind anziehend und fallen ihnen von selbst zu. Sie sind herzlich, höflich, freundlich, großzügig und aufmerksam gegenüber den Armen und Leidenden - solange dadurch nicht das eigene Leben und die Bequemlichkeit allzu sehr beeinträchtigt wird. Sie lernen schnell, ihre äußerliche Attraktivität einzusetzen, um eigene Ziele zu erreichen. Dabei werden sie jede Waffe aus ihrem Arsenal einsetzen - skrupelloses Lügen, schlaues Ausweichen, wobei sie Vorwürfen entgehen, indem sie anderen die Schuld zuschieben. Alles eingehüllt in allen Charme, den sie entwickeln können. Häufig werden sie sich bemühen, redlich und geradlinig zu sein, doch fast immer ist das Eigeninteresse der Sieger. Laufen die Dinge gegen sie, schmollen sie wie Kinder. Ebenfalls wie Kinder verlangen sie nach Aufmerksamkeit, Bewunderung und danach, daß man für sie Zeit, Energie und Geld auf-

INTELLEKT

OBEN Thomas Hardy (1840-1928), geboren am 2. Juni. Der englische Romanschriftsteller und Dichter zeigt die Zwiespältigkeit des Zwillings in seinen düsteren Romanen und seiner lyrischen Dichtung.

Zwillinge haben eine scharfe, intuitive, manchmal brilliante Intelligenz, und sie lieben Herausforderungen ihres Verstandes. Doch hält ihre Konzentration, obwohl eine Weile intensiv, nicht an. Ihre geistige Beweglichkeit und Energie geben ihnen von Jugend an einen unstillbaren Wissensdurst, obwohl sie die Mühe des Lernens nicht schätzen. Sie erfassen mühelos fast alles, was Intelligenz und geistige Beweglichkeit erfordert, und sind oft befähigt, ihren Verstand mit manuellem Geschick zu kombinieren. Ihr Intellekt ist sehr analytisch und gibt ihnen zuweilen eine so große Fähigkeit, beide Seiten eines Problems zu sehen, daß sie schwanken und schwer eine Entscheidung treffen.
Doch ihre Intelligenz kann durchaus benutzt werden, die Dualität ihrer Natur zu kontrollieren und in einem äußerst effizienten Ganzen zu vereinen. Sie zeigen wenig Entschlossenheit, sich um die Lösung von Problemen selbst zu bemühen - lieber benutzen sie den Verstand anderer. Sie riskieren, in vielen Bereichen ihres Lebens zu Dilettanten zu werden und sich in zu vielen Problemen zu verzetteln.

OBEN Eine französische Darstellung der Zwillinge aus der Mitte des 15. Jh. Die Falknerei war ein Sommervergnügen, und ihre Darstellung hier weist auf die Jahreszeit hin, nicht auf irgendwelche Zwillingseigenschaften.

RECHTS Der Herzog von Edinburgh, geboren am 10. Juni 1921. Dieses Foto zeigt die fröhliche Seite des Zwillingscharakters.

bringt. Und erhalten sie nicht, was sie wollen, bekommen sie einen Wutanfall. Sie reflektieren jede Änderung in ihrer Umgebung wie ein Chamäleon, und sie können pessimistisch, gekränkt, übellaunig und materialistisch selbstbezogen werden, wenn die Umstände sie zwingen, sich in irgendeiner Weise zu bemühen. Werden die Lebensumstände wirklich widrig, kann sie ihre Willensstärke tatsächlich gänzlich verlassen. Sie können ihrer selbst ziemlich unsicher werden, entweder introvertiert oder nervös erregbare Streiter, von mürrischer Unzufriedenheit, hart und gereizt, wobei das "Selbst" in ihrem Kampf immer stärker hervortritt. Andererseits kann ihre Vielseitigkeit sie sehr anpassungsfähig machen, sie befähigen, die Umwelt durch

RECHTS Marilyn Monroe (1926-1962), geboren am 1. Juni. Ihr Charakter und ihre Karriere sind exemplarisch für viele Wesenszüge des Zwillings. Ihre Sterne illustrieren das Geheimnis um ihren Tod.

ihre angeborene Findigkeit und deftige Schlauheit zu kontrollieren.

In der Liebe sind sie unbeständig, nicht absichtlich, sondern wegen der grundlegenden Inkonsistenz ihrer emotionalen Natur, die einen amoralischen Aspekt enthält. Zwillinge haben eine Seite, die emotional tief berührt werden kann, und eine andere, der Sentimentalität abgeneigte, die vor einer romantischen Situation zurückweicht. Zwillingsgeborene nehmen nichts ernst. Daher sind sie in der Liebe trotz ihrer zeitweiligen Gefühlstiefe oberflächlich, leichtherzig, kühl, kokett und gleichgültig gegenüber den Schmerzen, die sie anderen zufügen können. Sie lieben Intrigen, die Aufregungen der Jagd, doch sobald sie die Beute erjagt haben, verlieren sie das Interesse und sehen sich nach der nächsten Kreatur um, die sie verfolgen können.

Zwillinge können in vielen Lebensbereichen erfolgreich sein, obwohl sie leicht unzuverlässig sind. Oft können sie geschickt mit Sprache umgehen, in Rede und Schrift und haben deshalb Berufe wie Diplomaten (obwohl sie in der Politik mehran Theorie als an Praxis interessiert sind), Redner, Prediger (eher brilliant als tief), Lehrer, Autoren und Dichter, Journalisten oder Anwälte. Im Geschäftsleben sagt ihnen jede Arbeit zu, die raschen Verstand mit Szenenwechsel verbindet - die Arbeit als Vertreter, Makler oder im Handel jeder Art. Da sie leidenschaftslos, logisch, rational und analytisch sind, geben sie gute Wissenschaftler ab, besonders Mediziner, Astromen und Mathematiker. Sie können auch in den Streitkräften hervorragend sein, da sie Gefahren nicht ernster als alles andere nehmen und sich durch Pflichttreue und Heldentaten Ansehen verschaffen. In der Kunst können sie sich in Musik, Malerei und Bildhauerei auszeichnen. Negativ können sie zu Betrügern und Dieben absinken.

Physisch wirken Zwillinge oft jugendlich. Sie haben große, dünne, aber kräftige Körper mit langen Armen und Beinen, die in kurzen, fleischigen Händen und Füßen enden. Auch ihre Gesichter sind oft lang und bläßlich, mit großen, durchdringenden, nußbraunen Augen. Ihr Haar ist oft dunkel, fast schwarz. Sie gebrauchen ihre Hände ausdrucksvoll (sie sind große Gestikulierer) und ihre Bewegungen sind rasch und lebhaft.

Zwillinge regiert die Arme, Schultern, Hände, Lungen und das Nervensystem, und ihre Untertanen müssen sich vor Krankheiten und Unfällen in Zusammenhang im oberen Teil des Körpers hüten, ebenso vor Nervenleiden und Lungenkrankheiten wie Katharre und Bronchitis.

OBEN Sir Arthur Conan Doyle (1859-1930), geboren am 22. Mai. Ein vielseitiger Charakter; er war in der Politik tätig, Schöpfer des scharfsinnigen Sherlock Holmes und überzeugter Spiritualist.

♋ KREBS ♋

Der Krebscharakter hat den am wenigsten klar umrissenden Charakter unter den Tierkreiszeichen. Die Bandbreite der Eigenschaften reicht von furchtsam, langweilig, schüchtern und introvertiert bis zu brillant, und berühmte Krebse sind in allen Bereichen menschlicher Tätigkeit anzutreffen. Grundsätzlich gesehen ist er eine grundlegend konservative und heimatverbundene Natur, schätzt Nestwärme und eine sichere Basis, wohin der Krebsmann zurückkehren kann, wenn er Erholung von den Anstrengungen des Lebens benötigt, und in der die Krebsfrau ihre ausgeprägten mütterlichen Instinkte verwirklichen kann. Eine große Familie scheint denn auch für den Krebs eine erstrebenswerte Einrichtung seines Lebens zu sein. "Nest" ist ein angemessenes Wort für das Heim des Krebses, denn seine Bewohner bevorzugen dunkle, rätselhafte, aber gemütliche Häuser, die etwas von einer Höhle haben. Wohl eher ein Platz für die Familie, nicht zum Beeindrucken von Besuchern gedacht.

Das soll nicht heißen, daß der Krebs ungesellig ist, aber es gibt für ihn Zeiten der Geselligkeit und Zeiten des Alleinseins. Äußerlich kann er eindrucksvoll wirken - dickfellig, unemotional, kompromißlos, hartnäckig und zäh, zielbewußt, energisch, gescheit, intuitiv und klug, manchmal mit philosophischer Gedankentiefe und Inspiration. Seine Vertrauten können jedoch einen anderen Charakter sehen, sympathisch und mit freundlicher Sensibilität für andere Menschen, besonders für die, die er liebt. Wegen seiner lebhaften Vorstellungskraft kann er sich mit der Situation anderer identifizieren. Oft ist er tatsächlich allzu phantasievoll und neigt zu Tagträumen, zuweilen versucht er, sein Leben nach irgendeinem romantischen Ideal auszurichten.

Er ist aufgeschlossen für Kunst und Literatur, besonders für das Drama. Er selbst kann erhebliche literarische, künstlerische oder rednerische Talente besitzen. Sein scharfes Ohr und Talent zur Nachahmung können ihm Erfolg auf der Bühne bescheren, obwohl ihn seine Tendenz zum Emotionalen überreagieren lassen. Interessanterweise - denn er macht den Eindruck eines realistischen Menschen - ist er oft vom Okkulten fasziniert und für psychische Einflüsse offen. Wenn er seinen Drang zur Extrovertiertheit mit seiner Reserviertheit versöhnen kann, ist es ihm sogar möglich, seine Generation durch seinen Idealismus zu inspirieren, besonders die Jüngeren. Als Leiter einer Jugendorganisation könnte er hervorragende Arbeit leisten.

In seinen persönlichen Beziehungen ist er eine Mischung aus Härte und Weichheit, oft emotional und romantisch bis zur Sentimentalität, doch in der Ehe verläßlich loyal. Selbst wenn er Affären hat (und das kann der Fall sein, denn besonders der Krebsmann ist für Sinnesreize empfänglich), gilt seine Loyalität Frau und Familie, als deren Beschützer er sich betrachtet. Sowohl der Krebsmann als auch die Krebsfrau lieben vorbehalt-

GEGENÜBER Mike Tyson ist (auf seinem Gebiet) ein Beispiel für die "hervorragenden" Krebsmenschen, und er ist gewiß "äußerlich eindrucksvoll".

OBEN Diese französische Darstellung des Krebses aus der Mitte des 15. Jahrhunderts ähnelt eher einem Hummer. Der Schnitter steht wiederum für eine Tätigkeit der Saison, nicht für das Zeichen.

los, geben viel und verlangen wenig dafür - eine der wichtigsten Lektionen, die sie lernen müssen, ist, dankbar zu empfangen.

Sie sind zu leicht von denen zu beeinflussen, die sie lieben oder verehren, und von den Gefühlen des Augenblicks beherrscht. Sie sind zwar meist auch treue Freunde, können aber durchaus im Cliquendenken festgefahren sein und Außenseiter ausgrenzen.

Krebsmenschen haben ein gutes Gedächtnis, besonders für gefühlsmäßig besetzte Ereignisse, an die sie sich Jahre später detailliert erinnern können. Sie werden stark von Kindheitserinnerungen beeinflußt, und leben oft sehr in der Vergangenheit. Es kann durchaus geschehen, daß sie einer Person, der sie nahegestanden und zu der sie den Kontakt verloren haben, bei einem erneuten Treffen die gleichen Gefühle wie in der Vergangenheit entgegenbringen; das führt häufig zu Komplikationen.

Seine Fähigkeiten machen den Krebsmenschen für eine Reihe von Berufen geeignet. Da er daran interessiert ist, was Leute denken, kann er ein guter Journalist, Schriftsteller oder Politiker sein, obwohl er in letzterer Eigenschaft eher im Hintergrund bleiben als herausragende Machtpositionen einnehmen wird; der Krebsmensch ist aber dazu fähig, die Partei zu wechseln, wenn das dem Machterhalt dienlich ist. Er kann in anderen öffentlichen Bereichen tätig sein, z.B. jede Art von Dienstleistungen, von der Wohlfahrt und Pflege bis zur Gastronomie - seine eigene Neigung zu Komfort und gutem Leben macht den Krebs zu einem ausgezeichneten Küchenchef oder Haushälter.

Manchmal hat er einen Hang zum Handel oder zu Geschäften und ist oft als Industriekapitän erfolgreich, weil er ein ausgezeichneter Organisator mit einem Gefühl für Werte und Sparsamkeit ist, was er mit Einfallsreichtum und Originalität verbinden kann. Die romantische Seite seiner Natur läßt ihn an Orten her-

MARCI 16
ITE IN MVDVM VNIVIRSV ET PREDICATE
EVANGELIVM OMNI CREATVRE

FEHLER

Der Krebsmensch hat viele potentielle Fehler, er kann unordentlich, trübsinnig, verschlagen und launisch sein, wegen eines Minderwertigkeitskomplexes zum Selbstmitleid neigen oder über Kränkungen brüten. Doch er ist leicht zu besänftigen. Er kann taktlos und schwierig sein, doch da er ehrgeizig ist, wird er sich lieb Kind machen, in dem er sich der Mehrheitheitsmeinung anschließt sowie den gängigen Anschauungen und Moden. Deshalb wechselt er oft seine Meinungen und es mangelt ihm an Stabilität. Er kann sich erfolgreich Vertrauen erschleichen. Seine Veranlagung macht ihn z.B. zu einem glühenden Anhänger einer Fußballmannschaft, mit der er sich in einer Traumwelt identifizieren kann.

LINKS Julius Caesar (100-44 v.Chr.) sollte unter die Krebsmenschen aufgenommen werden, weil die meisten von ihnen im Juli geboren sind; der Monat, der zu seinen Ehren so benannt wurde.

GEGENÜBER Heinrich VIII. (1491-1547), geboren am. 28. Juni. Er war ein Mann, bei dem viele der Tugenden und Untugenden des Krebses zu finden waren. Beachten Sie die beschriebenen körperlichen Attribute!

RECHTS Die Prinzessin von Wales, geboren am 1. Juli 1961, scheint zur schüchternen Gruppe der Krebse zu gehören, doch wurde sie durch die Umstände gezwungen, immer im Rampenlicht zu stehen.

umstöbern, an denen aufregende Entdeckungen gemacht werden könnten, und wenn er dieses professionell tun kann, als Gebrauchtwaren- oder Antiquitätenhändler, wird er über alle Maßen glücklich sein.

Physisch ist der Krebs durchschnittlich oder unterdurchschnittlich groß, mit fleischigem Körper und kurzen Beinen. Sein Haar ist gewöhnlich braun, sein Teint blass, seine Stirn gewölbt, seine Augen sind klein und blau oder grau, seine Nase ist kurz, eventuell aufwärts gebogen, und sein Mund voll. Manchmal ist der Gang recht schwerfällig.

Krebs regiert Brustkorb, Brüste, Ellenbogen, Magen und Verdauung, Gebärmutter und die weiblichen Geschlechtsorgane. Krebsmenschen leiden häufig unter Pleuritis, Wassersucht, Hämorrhoiden und Krampfadern. Die oben schon erwähnte Erregbarkeit kann zu Verdauungsstörungen, Gastritis und anderen Magenkrankheiten führen, und es besteht eine Neigung zu Erkältungen und Sehschwäche.

♌ LÖWE ♌

Der Löwe ist der dominanteste, kreativste und extrovertierteste aller Tierkreischaraktere. An Vornehmheit des Auftretens, großartiger Haltung und Großmut der Persönlichkeit ist er der Herrscher unter den Menschen, wie der Löwe der König der Tiere ist. Er ist ehrgeizig, mutig, dominant, willensstark, positiv, unabhängig, selbstbewußt - in seinem Wortschatz gibt es den Zweifel nicht - und selbstbeherrscht. Als geborener Führer, ob bei der Unterstützung des Status quo oder in der Revolte gegen diesen, holt er durch seine persönliche Anziehungskraft und Liebenswürdigkeit das höchste an Loyalität aus seinen Untertanen heraus. Da er unkompliziert ist, genau weiß, was er will, und all seine Energie, Kreativität und Entschlossenheit nutzt, wissen seine Anhänger, woran sie mit ihm sind. Auch wenn seine ehrgeizigen Zielsetzungen und sein Idealismus sie manchmal einschüchtern, denn er denkt und handelt größer, beruhigen sie sein praktischer Realismus und seine Fähigkeit, direkt zum Kern eines Problems vorzustoßen. Wenn er Rückschläge erleidet, zieht er auch aus der Not noch Nutzen.

Insgesamt ist er eine dem Guten dienende Autorität, denn er ist sehr idealistisch, human und wohltätig. Er besitzt große Intelligenz und ist von umfassender, philosophischer, manchmal religiöser Denkart. Ist er fromm, kann er halsstarrig auf dem rechten Glaubens beharren und wird zäh, aber mit absoluter Aufrichtigkeit, an den Praktiken und Doktrin festhalten, die liberal Denkende als überholt betrachten.

Seine Fehler können ebenso zahlreich wie seine Tugenden sein, und ein exzessiv negativer Löwemensch kann eines der unerfreulichsten menschlichen Wesen

UNTEN Meistens wird der Löwe in heraldischen und sonstigen symbolischen Darstellungen wie hier abgebildet, mit fast menschlichem Gesicht.

RECHTS Napoleon I. (1769-1821), Kaiser von Frankreich, geboren am 15. August. Er war ein beispielhafter Löwe.

RECHTS George Bernard Shaw (1856-1950), geboren am 26. Juli. Ein Mann, der gebieterisch durch die Welt der Literatur schritt, Rivalen und Kritiker mit Spott überschüttete. Ein weiterer Löwe, dessen Zielstrebigkeit ihm Ruhm und Erfolg einbrachte.

sein, das man sich vorstellen kann. Dann weist er äußerste Arroganz, selbstherrlichen Stolz, Hochmut und exzessive Heftigkeit des Temperaments auf.

Selbstbezogenheit, Gier nach Schmeicheleien, Prahlsucht und Schwülstigkeit, Prunksucht, snobistische Überheblichkeit und eine anmaßende und intolerante Geringschätzung seiner Untergebenen - denen er zwar nur kleine Aktionen in seinen großartigen Plänen überläßt, sich aber nicht scheut, von ihnen ohne Maß zu leihen, wenn die Gelegenheit es erforderlich macht - alles das kann zu seinen Eigenschaften gehören. Ergänzt man dieses durch eine Leidenschaft für Luxus, Verlangen nach Macht, schrankenlose sexuelle Gier und emotionale Zügellosigkeit, ergibt sich ein Charakter, mit dem niemand im öffentlichen Leben oder privat zu tun haben möchte. Seine unkontrollierte Heftigkeit kann ihn tief fallen lassen. Zum Glück ist es selten, daß ein Löwe so undiszipliniert ist, und seine Neigung dazu wird durch seine angeborene Klugheit ausgeglichen.

Im Berufsleben ist er in jeder Laufbahn an der Spitze erfolgreich. Als Politiker wird er sich nur mit einer Machtstellung in der Regierung zufriedengeben. In der Wirtschaft wird er Vorstandsvorsitzender seines Unternehmens sein, zumindest aber Direktor oder Manager. Er ist ein ausgezeichneter Organisator, und wenn er dem Handwerksstand angehört, wird er danach trachten, Chef zu werden. Als Künstler können Löwen Stars der Bühne oder der Leinwand werden (wobei ihre Vorliebe eher dem ernsten als dem leichten Fach gilt), als Musiker Meister großer Instrumente oder Orchesterleiter, ebenfalls erfolgreiche Maler; alles, was in Konzeption und Ausmaß groß ist, zieht sie an. Löwefrauen sind besonders gute Sozialarbeiter.

Physisch haben Löwen große, starke und aktive Körper mit breiten Schultern und starken Knochen, sie sind größer als der Durchschnitt, doch schmalhüftig und in der Jugend oft schlank. Ihre Statur wird mit den Jahren oft plump (obwohl gewöhnlich auch dann majestätisch). Der Kopf ist groß und rund, ihr Haar gewöhnlich blond und lockig, ihre Gesichtsfarbe frisch, ihr Ausdruck gebieterisch. Die Augen, oft blau oder grau, sind groß und vorstehend, der Blick scharf.

Physiologisch regiert Löwe den oberen Rücken, die Unterarme, die Handgelenke, das Rückgrat und das Herz. Löwemenschen unterliegen einer Reihe von Leiden: Rücken- und Lungenschmerzen, Rückgratbeschwerden, Herz- und Blutkrankheiten, Krankheiten an den Rippen und in den Seiten, Krämpfen, Pleuritis, hitzigen Fiebern, Gelbsucht und Augenbeschwerden.

PERSÖNLICHE BEZIEHUNGEN

OBEN Mae West (1893-1980), geboren am 17. August. Amerikanische Filmschauspielerin, berühmt für ihren öffentlich zur Schau gestellten Sexappeal.

In seinen Beziehungen zu anderen ist der Löwetyp offen, ernsthaft, natürlich und vertrauensvoll. Extrovertiert, spontan, warmherzig und geradeheraus, dabei niemals unfreundlich, ist der Löwe sehr enttäuscht, wenn diejenigen, denen er vertraut, ihn fallenlassen. Er kann Charaktere nicht gut beurteilen und neigt zu Begünstigung und übertriebenem Glauben an seine Anhänger, was oft in Enttäuschung endet. Er kann zahlreiche Liebesaffären haben, denn seine Freude an Vergnügen und Schönheit treibt ihn von einem attraktiven Partner zum nächsten. Seine Ehe kann aus den gleichen Gründen scheitern. Doch er ist aufrichtig gegenüber seinen Liebschaften, solange diese dauern. Er wird seinem Heim solange anhängen, wie es zu seinem Nutzen unterhalten wird. Er fordert Dienstleistung, ist aber selbst nicht imstande, sie zu erbringen.

♍ JUNGFRAU ♍

Jungfrau ist das einzige von einem weiblichen Wesen repräsentierte Sternzeichen. Manchmal stellt man sie sich als schöpferisches Mädchen vor, von zarter Schönheit, manchmal als ältere Frau, intelligent, doch recht pedantisch und altjüngferlich. Letzterer Eindruck wird manchmal bestätigt durch die Pedanterie, Raffinesse, heikle Liebe zu Sauberkeit, Hygiene und Ordnung, sowie durch die aristokratische Zurückhaltung der Jungfrau. Gewöhnlich sind sie achtsam, gescheit, sorgfältig, umsichtig, geduldig, praktische Verfechter des Status quo, und sie neigen häufiger zu Konservatismus in allen Lebensbereichen, geschäftlich wie privat. An der Oberfläche sind sie in der Regel emotional kalt, und manchmal reicht das tiefer, denn ihre Gewohnheit, ihre natürliche Freundlichkeit zu unterdrücken, kann letztendlich zu deren gänzlichen Verkümmern führen.

Das geht so weit, daß sie davor zurückscheuen, Freundschaften einzugehen, wenige Beziehungen anknüpfen, und wenn sie es doch einmal tun, bemühen sie sich, daß diese oberflächlich bleiben. Doch kann diese äußerliche Gefühlskälte bei manchen Jungfrauen ein Zuviel an Emotionen verbergen, vor denen sie sich fürchten, weil sie anderen nicht trauen und auch kein Vertrauen zu sich selbst und ihren Urteilen haben. Sie sind sich bestimmter eigener Unzulänglichkeiten bewußt. Daher bringen sie die Kunst der Selbstverleugnung auf ein hohes Niveau, verbergen ihre Ängste und ihr oft großes Mitgefühl für andere unter einem Mantel

UNTEN Hier wird Jungfrau als junges Mädchen symbolisiert, in der linken Hand einen Palmenzweig, ihre rechte Hand zum Segen - oder zur Warnung - erhoben.

GEGENÜBER Lauren Bacall, geboren am 16. September 1924, amerikanische Filmschauspielerin. Bei ihr scheinen viele der Jungfraueigenschaften zuzutreffen.

der Nüchternheit und einer stillen Zurückhaltung. Sie sind stille Wasser, die wirklich tief sind.

Doch in ihrer anspruchslosen, nach außen munteren und angenehmen Art können sie sensibel, vorsichtig, redegewandt, klug und witzig sein. Mit viel Verständnis für die Probleme anderer Menschen, die sie in einer praktischen Art lösen können. Beide Geschlechter verfügen über erheblichen Charme und Würde, was manche männlichen Jungfrauen feminin erscheinen läßt, obwohl sie es nicht sind. In der Ehe können sie wahrhaft liebevoll sein und gute Gatten und Eltern abgeben, doch ist ihre körperliche Liebe eher eine Perfektion der Techniken als der Ausdruck des Begehrens. Sie müssen sich davor hüten, sich mit einem Partner zu verbinden, dessen Sexualtrieb eine so starke und ausdauernde Leidenschaft erfordert, die sie trotz aller Bemühungen nicht aufbringen können.

Intellektuell sind Jungfrauen wißbegierig, methodisch und logisch, eifrig und belehrbar. Sie verbinden geistige Findigkeit mit der Fähigkeit, eine klare Analyse

RECHTS Elisabeth I. (1533-1603), Königin von England, geboren am 7. September. Als die "jungfräuliche Königin" war sie in gewisser Weise ein Untertan der Jungfrau, obwohl sie eher als Führernatur galt.

KONSTITUTION

Von der Jungfrau heißt es, sie regiere Hände, Unterleib, Gedärm, Milz und zentrales Nervensystem. Zu ihren möglichen Krankheiten gehören Katarrh, Erkältungen, Husten, Pleuritis, Pneumonie und nervliche Instabilität. Sie ist immer besorgt, und das macht sie anfällig für Magen- und Darmbeschwerden, darunter Koliken und Geschwüre. Männliche Jungfrauen haben Probleme mit ihren Sexualorganen. Beide Geschlechter lieben zumeist eine eher exotische Küche, aber ihr äußerst empfindlicher Magen verlangt, daß sie sehr vorsichtig damit umgehen.

LINKS Michael Jackson (geboren 1958) ist wahrscheinlich derzeit einer der höchstbezahlten Popstars. Er gilt als Perfektionist, hat aber stark ausgeprägte hypochondrische Züge.

der kompliziertesten Probleme zu liefern. Sie haben einen ausgezeichneten Blick für das Detail, doch sie können dabei so akribisch sein, daß sie größere Probleme leicht vernachlässigen. Obwohl Realisten, können sie Projekte tatsächlich dadurch verzögern, daß sie zu genau sind. Sie sind praktisch mit den Händen und gute Techniker, und sie haben echte erfinderische Talente. Sorgfalt, harte Arbeit und Gewissenhaftigkeit sind ihre Kennzeichen, und sie sind derartige Perfektionisten, daß sie jedoch leicht entmutigt werden, wenn etwas falsch läuft.

Bei diesen Eigenschaften sind sie als Untergebene besser als Führer. Verantwortung stört sie, und oft fehlt ihnen der strategische Weitblick, den ein Führer benötigt. Jungfrauen sind im wesentlichen Taktiker, bewundernswert im Erreichen begrenzter Ziele. Ihr Selbstmißtrauen projizieren sie auf andere, und das macht sie oft zu anstrengenden Arbeitgebern, obwohl sie bei den Forderungen, die sie an ihre Untergebenen stellen, gerecht sind. Sie verfügen über Fähigkeiten in Kunst, Wissenschaft und Sprachen. Besonders die Sprache benutzen sie korrekt, klar, präzise und formell, eher als Grammatiker und Ethymologen als für ihre literarischen Interessen.

Obwohl sie durchaus für Berufe zur Konstruktion von Maschinen, im Vermessungswesen und ähnlichem geeignet sind, paßt eine Arbeit in einer Bücherei oder einem Büro besser zu ihnen. Sie sind sorgfältig im Umgang mit Geld, und ihr Interesse an Statistik macht sie zu ausgezeichneten Buchhaltern und Wirtschaftsprüfern. Sie geben auch gute Verleger, Physiker und analytische Chemiker ab. Erfolg können sie auch als Sozialarbeiter haben. Sie können Ärzte sein, Psychologen, Krankenschwestern, Lehrer, Privatsekretäre, Techniker, Inspektoren, Musiker, Kritiker, offizielle Sprecher und Autoren.

Wenn sie eine Karriere in der Wirtschaft einschlagen, könnte ihre Gescheitheit und analytische Erfindungsgabe sie zur Unehrenhaftigkeit verleiten, obwohl sie normalerweise genügend Moral besitzen, der Versuchung zu widerstehen. Weibliche Jungfrauen können in der Modebranche Karriere machen, denn sie lieben Kleidung und können Trends setzen. In jedem Beruf, den Jungfrauen ergreifen, übernehmen sie rasch neue Ideen, doch immer mit Vorsicht. Sie lieben das Leben auf dem Lande, sind aber kaum gute Landwirte.

Ihr Fehler ist, wie bei allen Tierkreiszeichen, die Übertreibung ihrer Tugenden. Zurückhaltung und Mäßigkeit werden zu Altjüngferlichkeit und Pedanterie, ausgewogene Kritikfähigkeit zu Nörgeln und Kritteln und Interesse am Detail zu Überspezialisierung. Jungfrauen neigen zu Unentschlossenheit bei größeren Problemen, und das kann chronisch werden. Ihre Klugheit wird zu Tücke, und ihre Gründlichkeit kann, gegen sich selbst gekehrt, schlimme Streithammel und sich ständig fürchtende, ja sogar scheue Hypochonder aus ihnen machen.

Physisch sind sie überdurchschnittlich groß, ihre Körper sind schlank, aber kompakt und wohlproportioniert, oft haben sie dunkle Haare und Augen. Ihr Teint ist zumeist rötlich oder braun, das Gesicht vorwiegend oval. Die Männer sind nicht gerade in klassischem Sinne hübsch, aber in der Regel gutaussehend und attraktiv. Die Frauen hübsch und einnehmend, oft lieblich, jedoch nicht von stereotyper Schönheit. Beide Geschlechter wenden die Sprache gut an, obwohl ihre Stimmen oft dünn und schrill sind.

UNTEN David H. Lawrence (1885-1930), geboren am 11. September, englischer Dichter. In seinen Werken ist eine feminine, jungfräuliche Ader.

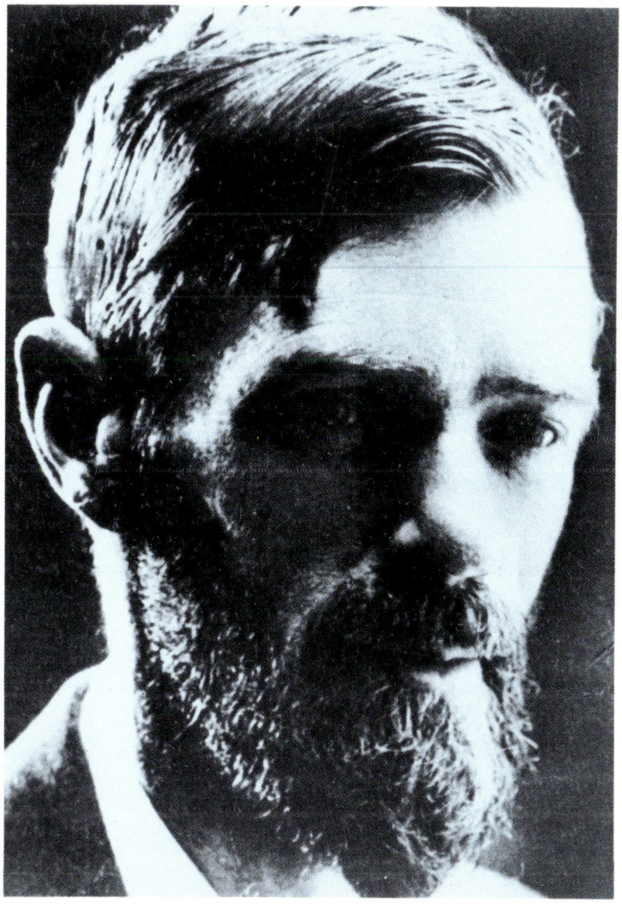

♎ WAAGE ♎

Waage ist das einzige nicht belebte Zeichen des Tierkreises, alle anderen zeigen entweder Menschen oder Tiere. Viele moderne Astrologen betrachten sie als den angenehmsten der Tierkreistypen, weil sie den Zenith des Jahres repräsentiert, den Höhepunkt der Jahreszeiten, wenn die Ernte der harten Arbeit im Frühjahr eingebracht wird. Waagemenschen gehören zu den kultiviertesten unter den zwölf Tierkreischarakteren und sehen oft gut aus. Sie haben Eleganz, Charme und guten Geschmack, sind von natürlicher Freundlichkeit, sehr liebenswürdig und Verehrer des Schönen und der Harmonie (sowohl in der Musik wie im gesellschaftlichen Leben).

Sie haben eine gute Kritikfähigkeit und sind in der Lage, sich zurückzuhalten und unparteiisch Dinge zu betrachten. Doch geraten sie leicht in Streit mit jemandem, der ihre Ansichten in Frage stellt, denn wenn sie einmal zu einem Schluß gekommen sind, scheint dessen Richtigkeit ihnen selbstverständlich. Zu ihren Fehlern gehören Unduldsamkeit gegenüber Kritik und das Verlangen nach Anerkennung. Doch insgesamt ist ihr Charakter ausgewogen, diplomatisch und gelassen.

Sie sind eher künstlerisch als intellektuell veranlagt, obwohl sie gewöhnlich zu ausgewogen sind, um bei künstlerischen Bestrebungen zur Avantgarde zu gehören. Sie haben eine gute Auffassungs- und Wahrnehmungsgabe, und ihre Kritikfähigkeit, mit der sie die eigenen Bemühungen wie auch die anderer betrachten können, verschafft ihrer Arbeit Integrität.

In ihren persönlichen Beziehungen zeigen sie Verständnis für die Standpunkte anderer; sie versuchen, alle Differenzen durch einen Kompromiß beizulegen. Sie lieben das andere Geschlecht manchmal bis zur Promiskuität und können romantisch bis zur Sentimentalität sein. Ihre Ehen haben jedoch gute Erfolgschancen, weil sie oft die Verbindung verwandter Seelen sind. Die anhaltende Liebenswürdigkeit des Waagemenschen

SOZIALE BEZIEHUNGEN

OBEN Mohandas Karamchanal Gandhi (1869-1948), geboren am 2. Oktober. Ein Waagemensch in seiner Leidenschaft für Gerechtigkeit und Selbstdisziplin beim Verfolgen seiner Ziele.

Waagemenschen sind für die Gefühle anderer empfänglich und haben die Gabe, manchmal in einem fast übersinnlichen Ausmaß, die emotionalen Bedürfnisse ihrer Gefährten zu verstehen und darauf mit dem ihnen angeborenen Optimismus zu reagieren. Sie sind sehr umgängliche Wesen. Sie verabscheuen Grausamkeit, Gewalt und Vulgarität und hassen zwischenmenschliche Konflikte. Daher tun sie ihr Bestes, um mit jedermann in ihrer Umgebung zusammen zuarbeiten und Kompromisse zu schließen, und ihr Ideal ist Eintracht.

OBEN Sarah Bernhardt (1844-1923), geboren am 22. Oktober.
Diese französische Schauspielerin, die in der ganzen Welt auf der Bühne stand,
war in der Planung ihrer Bühnenlaufbahn eine typische Waage.

gegenüber dem Partner mildert jede Kränkung oder Meinungsverschiedenheit. Auch kann sich der Ehepartner der Waage nicht darüber beklagen, nicht verstanden zu werden, denn der Waagemensch hat das größte Einfühlungsvermögen aller Tierkreistypen und ist am ehesten bereit, die Fehler des Geliebten tolerieren.

Der negative Waagecharakter kann Frivolität, Koketterie und Seichtheit aufweisen. Er kann wankelmütig und unentschlossen sein, unduldsam, farblos konventionell und schüchtern, gelassen bis zur Trägheit. Er ist selten verärgert, doch können Waagemenschen jeden

OBEN Franz Liszt (1811-1886), geboren am 22. Oktober, beim Klavierspiel vor der kaiserlichen Familie in Wien. Waagemenschen können Erfolg als Komponisten haben.

in ihrer Umgebung durch plötzliche Wutausbrüche schockieren. Ihre Freude am Vergnügen kann sie zu Ausschweifungen verleiten; Waagemänner können zu leichtsinnigen Spielern werden, und Waagefrauen - extravagant, eifersüchtig und unbekümmert in Gelddingen - verschwenden manchmal ihr Vermögen und ihre

Talente. Beide Geschlechter können große Klatschmäuler sein und eine unersättliche Neugier besitzen, die sie verlockt, ihre Nase überall hineinzustecken.

Waagemenschen können überraschend energievoll sein, obwohl es stimmt, daß sie grobe, schmutzige Arbeit verabscheuen. Auch wenn manche recht bescheiden sind, sind andere extrem ehrgeizig. Sie können Erfolg als Verwalter, Juristen, Antiquitätenhändler, Beamte und Bankiers haben, denn sie sind vertrauenswürdig im Umgang mit dem Geld anderer.

Einige Waagemenschen sind im Modedesign begabt oder im Erfinden neuer Kosmetika, andere können als Künstler, Komponisten, Kritiker, Schriftsteller, Innendekorateure, Sozialarbeiter oder Gutachter Erfolg haben. Sie besitzen Talent für das Management in allen Bereichen der Unterhaltungsbranche. Als Finanzfachleute geben Waagemenschen manchmal gute Spekulanten ab, weil sie über den Optimismus und die Fähigkeit verfügen, sich von finanziellen Pleiten zu erholen.

Physisch ist der Waagemensch eine gut proportionierte, im wesentlichen kräftige Gestalt, mittelgroß bis groß, mit rundem Schädel und Gesicht. Das Haar ist oft blond, glatt und dünn, selten gelockt; der Teint ist gut, und die Augen sind oft blau und sehr ausdrucksvoll.

Waage regiert den Lendenbereich, den unteren Rücken und die Nieren. Waagemenschen müssen Rückenbeschwerden und Lumbago fürchten, und sie sind anfällig für Nieren- und Blasenleiden. Sie müssen Unmäßigkeit beim Essen und vor allem beim Trinken meiden, weil letzteres besonders die Nieren in Mitleidenschaft ziehen kann.

RECHTS Bruce Springstein, geboren am 23. September 1949. Ein ganz anderer Musiker als Liszt und doch ein Waagemensch.

♏ SKORPION ♏

Skorpione sind die intensivsten, unergründlichsten, stärksten Charaktere im Tierkreis. Selbst wenn sie selbstbeherrscht und ruhig erscheinen, ist da eine kochende Intensität emotionaler Energie unter dem gelassenen Äußeren. Sie sind wie ein Vulkan dicht unter der Oberfläche des stillen Meeres - er kann jederzeit ausbrechen. Scharfsichtige Menschen werden die angespannte Aggression, die immense Energie, die magnetische Intensität und oftmals hypnotische Persönlichkeit unter der ruhigen, doch wachsamen Gelassenheit des Skorpions wahrnehmen. Bei gesellschaftlichen Zusammenkünften sind sie gern dabei, aufmerksam in der Konversation, würdevoll und reserviert, doch umgänglich und höflich. Manchmal haben sie einen durchdringenden Blick, bei dem sich ihre schüchternen Gefährten nackt und hilflos vorkommen.

In ihrem alltäglichen Verhalten machen sie den Eindruck, vom Zentrum der Aktivität isoliert zu sein. Sie brauchen große Selbstdisziplin, da sie wissen, daß ihre äußerst unkonventionellen Naturen zum sehr Guten oder sehr Bösen benutzt werden können. Ihre Zähigkeit und Willensstärke sind enorm, ihre Charakterstärke und leidenschaftliche Überzeugheit überwältigend, doch sind sie zutiefst empfindsam und leicht von ihren Gefühlen bewegt. Ihre Sensibilität zusammen mit einem Hang zu extremen Vorlieben und Abneigungen macht sie leicht verletzlich, so daß sie rasch (oft nicht beabsichtigte) Kränkungen und Verletzungen feststellen. Sie sind zu wütendem Zorn erregbar. Das kann sich in derart negativen Worten oder Taten Ausdruck verschaffen, daß sie sich durch ihre Offenheit Feinde fürs Leben machen.

Sie können ihre überschüssige Energie konstruktiv nutzbar machen, indem sie ihr Selbstvertrauen durch Klugheit und ihren Ehrgeiz durch Großmut gegenüber anderen Menschen mildern - vorausgesetzt, sie mögen diese. Ist das nicht der Fall oder sind ihre Gefühle neu-

SEXUALITÄT

OBEN Marie Antoinette (1755-1793), geboren am 2. November und ihr Gatte Louis XVI. (1755-1793), geboren am 23. August, wurden beide guillotiniert.

Skorpion ist das Symbol der Sexualität, und Skorpione sind leidenschaftliche Liebhaber. Für sie ist die Verbindung mit dem oder der Geliebten ein wirkliches Sakrament. Ihr vorrangiger Antrieb in der Liebe ist, die eigene Kraft zu benutzen, um über sich selbst hinaus vorzudringen und so die Bedeutung der Vereinigung zu ergründen. Sie sind daher zu den größten Höhenflügen leidenschaftlichen Taumels fähig, doch immer sind Ausschweifung und Perversion eine Gefahr. Skorpione können sadistische Monstren der Sinnlichkeit und des Erotizismus werden. Ihre Empfindungen sind so intensiv, daß ihre Liebe von der höchsten und idealistischsten Art ist, dennoch sind sie oft Hauptdarsteller in tragischen, sogar gewaltsamen Romanzen, in der Tat "Liebende, denen die Sterne oft nicht günstig sind".

tral, verhalten sie sich Mitarbeitern gegenüber nur wie Führer und können zu denen, die sie nicht mögen, grob bis grausam sein. Sie sind nicht darüber erhaben, Rachsucht in gezielter Grausamkeit auszutoben. Sie sind zu fordernd, zu unnachsichtig gegenüber den Fehlern anderer. Sie können jedoch hervorragende Freunde sein, vorausgesetzt, ihre Gefährten zweifeln die Ehre, auf die Skorpione so bedacht sind, nicht an. Zur negativen Seite des Skorpions gehört die Neigung, Freunde fallenzulassen, sobald sie nicht mehr von Nutzen sind, doch der anständige Skorpion ist sich dessen bewußt und kämpft dagegen an.

Ihre große Urteilskraft mischt sich mit Phantasie und Vorstellungskraft. Diese Gaben können zusammen mit kritischem Wahrnehmungsvermögen und analytischen Fähigkeiten den Skorpion befähigen, zu Tiefen vorzustoßen, die dem Durchschnitt fremd sind. Doch charismatische Charaktere wie sie können zu extremer Verdorbenheit absinken, wenn sie den falschen Weg einschlagen. Aufsässigkeit gegen alle Konventionen, politischer Extremismus bis zu dem Punkt, an dem der Haß auf das Establishment sie zu äußerst skrupellosen Terroristen macht, schwelender Groll, aggressive und sadistische Brutalität, absolute Arroganz, morbide Eifersucht, extreme Schwankungen des Temperaments - das sind einige ihrer Untugenden. Es gibt aber auch unter den Skorpionmenschen extreme "Zauderer", die zwar über ungeheuer viele Fähigkiten verfügen, diese jedoch nicht einsetzen wollen oder können und deshalb über die Maßen träge werden und nichts zustande bringen. Trotzdem verlangen sie dann von ihrer Umgebung übertriebene Komplimente und Schmeicheleien.

BERÜHMTE SKORPIONE

Martin Luther (ca. 1483-1546), geboren am 10. November. Er besaß die Skorpioneigenschaften der emotionalen Energie, der Intensität, der Hartnäckigkeit, der Überzeugung von der eigenen Richtigkeit und der spirituellen Inbrunst.

Theodore Roosevelt (1858-1919). Der 26. US-Präsident: enorme Willensstärke, Zähigkeit und Aggression - alles Wesenszüge des Skorpions.

Marie Curie (1867-1934), geboren am 7. November. In der Intensität und Konzentration, die sie in ihre chemischen Forschungsarbeiten über radioaktive Substanzen und Radium einbrachte, war sie ein typischer Skorpion.

RECHTS Charles, Prinz von Wales, geboren am 14. November 1948. In seinem öffentlichen Leben beweist er einige Skorpioneigenschaften - Freundlichkeit und Höflichkeit in Gesellschaft sowie leidenschaftliche Überzeugung von den Dingen (wie Architektur), die ihn interessieren.

Derart begabte Menschen können in vielen Tätigkeiten Erfüllung finden. Ihre innere Intensität kann zur absoluten Selbstkontrolle und Distanz des Chirurgen führen, zur Konzentration des wissenschaftlich Forschenden und zum Heldenmut des Soldaten. Jeder Beruf, bei dem Analyse, Untersuchung, Forschung, Umgang mit praktischen Dingen und das Lösen von Rätseln wichtig sind, kann ihnen zusagen. Polizei- und Detektivarbeit, Spionage und Gegenspionage oder Psychologie werden sie anziehen, und sie können Meister des geschriebenen und gesprochenen Wortes werden.

Sie können äußerst einflußreiche und überzeugende Redner werden und Erfüllung als Diplomaten oder Prediger finden. Sie können zu Menschen werden, denen Wunder alltäglich sind, spirituelle Heiler, Träger der Stigmata und allererste Kandidaten für die Heiligsprechung, wenn sie gestorben sind.

Physisch neigen sie zu durchschnittlicher Größe. Ihre Schädel sind gewölbt und ihr Haar grob, dick und lockig. Ihre Gesichter sind breit und quadratisch. Sie haben eine kräftige Konstitution und sind zumeist gegen Krankheiten widerstandsfähig.

Skorpion regiert das Becken und die Reproduktions- und Harnsysteme. Skorpionmenschen sollen vorwiegend für Krankheiten der Leber und der Nieren anfällig sein, für Harngrieß und Steine in der Blase sowie für andere Genitalkrankheiten, darunter Priapismus, Geschwüre, Abzesse, Furunkel, Fisteln, Hämorrhoiden; Brüche und Ulkus können den Skorpion ebenfalls betreffen.

UNTEN Skorpion, wie er im Inneren eines ägyptischen Sarkophags vom Ende des 2. Jahrhunderts in einer Reihe von Sternzeichen dargestellt wurde.

♐ SCHÜTZE ♐

Der Schütze hat eine positive Einstellung zum Leben, ist voller Unternehmungsgeist, Energie, Abenteuerlust und Begierde, seine Erfahrungen über das physikalisch Vertraute hinaus zu erweitern. Er genießt Reisen und Forschung, weil sein Geist ständig offen ist für neue Dimensionen des Denkens. Er ist grundsätzlich ehrgeizig und bleibt es auch dann, wenn seine Hoffnungen zunichte gemacht werden. Seine idealistische Natur kann viele Enttäuschungen ertragen, ohne darunter zu leiden. Er ist redlich, ehrlich, vertrauenswürdig, treu, großzügig und ernsthaft und hat eine Leidenschaft für Gerechtigkeit. Er bringt Loyalität und Unabhängigkeit in Einklang. Schützen sind gewöhnlich bescheiden und oft religiös, mit einem ausgeprägten Empfinden für Moral. Doch können sie ohne Zögern in der Politik die Partei oder ihr Glaubenssystem wechseln, wenn sie dadurch für sich persönliche Vorteile sehen.

Sie haben sowohl einen tiefschürfenden als auch weitreichenden Verstand, sind mit Weitblick und gutem Urteilsvermögen ausgestattet, und sie können geistreiche Unterhalter sein. Sie nehmen gern neue Projekte in Angriff (sie geben ausgezeichnete Forscher ab) und haben das Bedürfnis, Konzepte zu begreifen, die ihnen

UNTEN Skorpion und Schütze auf der Innenseite eines ägyptischen Sarkophags. Die Tradition, den Schützen als Zentaur darzustellen, scheint so alt wie das Zeichen selbst zu sein.

OBEN Eine Darstellung des Schützen aus einem englischen Psalter von ca. 1170.

neu sind. Sie denken schnell, sind intuitiv und oft originell. Sie sind aber besser im Anpassen als im Erfinden, und am besten sind sie, wenn sie mit Kollegen anderer Charaktere zusammenarbeiten, die ihren eigenen Typ ergänzen. Sie sind willensstark und gut im Organisieren, eine Kombination, die sie befähigt, jedes Projekt, das sie in Angriff nehmen, zu einem erfolgreichen Abschluß zu bringen.

Ihre Großzügigkeit kann durch ihre Sorgfalt beim Umgang mit Geldmitteln aufgewogen werden. In der Regel sind sie auf der Seite der sozial Schwächeren - ohne Rücksicht auf ihren eigenen Vorteil werden sie für jede Sache eintreten, die sie für gerecht halten, und sind dabei zur Rebellion bereit.

Schützen sind leidenschaftlich, aufrichtig und direkt in der Liebe, gewöhnlich konventionell und in ihrer Sexualität kontrolliert. Doch wenn sie hintergangen werden, sind sie leicht ihr ganzes Leben verbittert, oder sie rächen sich am anderen Geschlecht, indem sie zynisch promiskuitiv werden. Sie neigen zum Eingehen unpassender Verbindungen. Sind ihre Ehen erfolgreich, sind sie treue Ehegatten und nachsichtige Väter. Aber ihre angeborene Rastlosigkeit und das ständige Verlangen, ihre Erfahrungen zu erweitern, wird sie verführen, selbst die befriedigendste Verbindung als Basis zu benutzen, von der aus sie zu ihren Reisen aufbrechen. Sie müssen sich frei fühlen und gleichzeitig davor hüten, daß ihre Karriere, auf Kosten der Liebe zu Frau und Familie, die Oberhand über ihr Leben gewinnt.

RASTLOSIGKEIT

OBEN Sir Winston Leonard Spencer Churchill (1874-1965), geboren am 30. November. Er wies die Schützeneigenschaften Unternehmungsgeist, Energie, Ausdauer und Willen zum Erfolg auf.

Beruflich haben Schützen eine skrupellose Gier nach Führung, und diese läßt sie monotone, harte Arbeit ablehnen. Ihre Suche nach Befriedigung in der Arbeit kann sie veranlassen, mehrmals den Beruf zu wechseln, umso mehr, als sie so rastlos sind. Werden diese Tendenzen extrem ausgelebt, können sie zu Menschen werden, die niemals seßhaft werden und nie lange genug bei einem Beruf bleiben, um finanzielle Sicherheit zu haben. Doch wenn sie eine zufriedenstellende Arbeit gewählt haben, wird ihnen ihre gewissenhafte Professionalität in Verbindung mit den angenehmen Manieren, die sie gewöhnlich aufweisen, langfristig Befriedigung verschaffen.

OBEN Ludwig van Beethoven (1770-1827), geboren am 17. oder 26. Dezember.Als typische Waage hatte er musikalisches Talent und ein sehr heftiges Temperament.

Schützefrauen sind die genauen Entsprechungen ihrer Männer. Selbst wenn sie keine Karriere machen, die mit ihrer Liebe rivalisiert, fällt es ihnen schwer, Zuneigung auszudrücken. In anderen persönlichen Beziehungen sind sie verläßlich und mißbrauchen selten das ihnen geschenkte Vertrauen. Sie können jedoch impulsiv zornig sein, und männliche wie weibliche Schützen wissen, welche Ausdrücke man wie gebraucht, um den Gegner am meisten zu verletzen. Andererseits sind sie großzügig im Vergeben von Kränkungen und verantwortungsbewußt in der Familie.

Ihre Talente befähigen Schützen zu ganz unterschiedlichen Berufen. Sie sind geborene Lehrer und Philosophen mit einer Begabung für das Erläutern der moralischen Prinzipien und Gesetze, die unser Universum zu erklären scheinen. Diese Gabe befähigt sie, gute Geistliche einerseits und erfolreiche Wissenschaftler andererseits zu sein. Auch Recht und Politik liegen ihnen, ebenso Staatsdienst, Sozialverwaltung, Öffentlichkeitsarbeit und Werbung. Ihre Vorlieben für Reisen könnten sie als Vertreter ausleben. Andere können gute Musiker abgeben. Ihr Interesse an Pferden und Autos leben sie sowohl als erfolgreiche Händler als auch bei sportlichen Ereignissen wie Rennen und Rallyes aus. Sie geben auch gute Trainer ab. Manchmal nimmt aber der Spieltrieb in einem Schützemenschen überhand und er wird dann kaum in der Lage sein, korrekte Arbeit zu gewährleisten. Die gewitzten, die um dieses Problem wissen, leben diesen Trieb als professionelle Buchmacher aus.

Die Untugenden, zu denen Schützen neigen, sind Zorn - sie regen sich gern über Kleinigkeiten auf -, Ungeduld - sie wollen jedes neue Projekt sofort erledigen und verlangen zuviel von Kollegen, die nicht mit ihrem Tempo mithalten können - und Verachtung für die Unzulänglichkeiten anderer, während sie volle Anerkennung der eigenen Bemühungen erwarten.

Allerdings kann man ihnen eine gewisse Anerkennung nicht versagen, wenn sie zum Durchsetzen wichtiger Projekte die eigene Gesundheit nicht schonen und auch in Kauf nehmen, die Familie zu vernachlässigen oder gar ihre Liebesbeziehung aufs Spiel setzen. Ob das jedoch den Einsatz wert ist, fragt sich der Schützemensch nicht - hier kommt wieder der Spieltrieb durch.

Sie können am Arbeitsplatz streng, dominant und rücksichtslos und im Privatleben prahlerisch, vulgär und extravagant sein. Ihre Unrast, wenn sie exzessiv ist, kann mehr als nur die eigene Stabilität gefährden. Manche Schützen werden zu Playboys und vergeuden ihr Leben in leichtfertigen Betätigungen. Andere können einen religiösen Fanatismus entwickeln oder auch zu Heuchlern werden, wobei sie ihre innere Prüderie durch ein nach außen hin joviales Wesen verbergen. Eine andere Seite der Religiosität, die beim Schützen eine Gefahr darstellt, ist der Aberglaube.

Physisch sollen die im Schützen Geborenen starke, drahtige, gut proportionierte Körper von etwas überdurchschnittlicher Größe haben. Eine würdevolle Haltung verbindet sich mit einem angenehmen Äußeren. Sie haben lange Schädel mit offenen, ausdrucksvollen, ovalen Gesichtern, eine hohe Stirn und große Vorderzähne in einem schmalen Kiefer. Ihr Teint ist dunkel - sie bräunen rasch in der Sonne-, und ihr Haar ist hellbraun. Sie neigen häufig auch leicht zu Kahlköpfigkeit und Nervosität.

Schütze regiert die Hüften und die Oberschenkel. Schützemenschen neigen zu Hüft- und Oberschenkelbeschwerden und sind anfällig für Ischias und Rheuma. Zu wenig Silizium im Körper kann zu Mangelerscheinungen bei Haut, Nägeln und Haaren führen. Da sie sich oft als Sportler in gefährlichen Disziplinen versuchen, sind sie durch Verletzungen gefährdet, und sie neigen auch zu Unfällen in Zusammenhang mit Feuer und Hitze.

LINKS Frank Sinatra, geboren am 12. Dezember 1915. Er macht's auf seine Art, im echten Geist des Schützen.

UNTEN Mark Twain (Samuel Langhorne Clemens, 1835-1910), geboren am 30. November. Ein Schütze in seiner Reiselust, seiner Professionalität als Schriftsteller und in seiner erfolgreichen Ehe.

♑ STEINBOCK ♑

Der Steinbock ist einer der stabilsten und ernsthaftesten der Tierkreistypen. Diese unabhängigen, felsartigen Charaktere haben viele gediegene Qualitäten, obwohl einige davon ebenso langweilig wie achtbar sind. Steinböcke sind von verhaltener Selbstsicherheit, willensstark und gelassen. Fleißig, nüchtern, gescheit, praktisch, verantwortungsbewußt und beharrlich sind sie zuverlässige Arbeiter in fast jedem Beruf, den sie ergreifen. Doch leider sind sie in der Regel weder originell noch kreativ und können zumeist nur weiterentwickeln oder organisieren, was andere selbst erfinden oder in Angriff nehmen.

Innerhalb dieser Grenzen sind sie jedoch findige, entscheidungsfreudige Mitarbeiter, die für sich und andere hohe Maßstäbe setzen. Aufrichtig in ihrer Selbstkritik respektieren sie Disziplin und in ihrer langsamen, eigensinnigen, zähen, unnachgiebigen Art arbeiten sie gegen Langeweile, Frustration und Härten an. Praktische geschäftliche Fähigkeiten in Verbindung mit Ehrgeiz und Verlangen nach Macht und Reichtum sind die Eigenschaften, die den Steinbock im Berufsleben prägen. Sie planen ihre Ziele sorgfältig, sind sparsam ohne Geiz und in der Lage, große Ergebnisse mit minimalen Anstrengungen und Kosten zu erreichen. Wegen ihrer organisatorischen Fähigkeiten sind sie in der Lage, tatsächlich an mehreren Projekten gleichzeitig zu arbeiten.

Sie lieben Autorität, trotzdem sind sie ebenso gerecht wie anspruchsvoll. Da sie selbst über große Selbstdisziplin verfügen, erwarten sie von ihren Mitarbeitern und Untergebenen ebensoviel Selbstbeherrschung. Dabei sind sie selbst nicht immer die angenehmsten Kollegen, denn sie sind reserviert und konservativ, schätzen die Tradition mehr als Neuerungen, wie nützlich diese auch immer sein mögen. Oft sind sie recht humorlos und sie neigen zu starkem Pessimismus, Melancholie und einer Verdrießlichkeit, die man-

LAUNENHAFTIGKEIT

OBEN Edgar Allen Poe (1809-1849), Dichter und Kurzgeschichtenautor, Schöpfer der amerikanischen Schauergeschichte. Seine tiefen Depressionen können als Eigenschaft des Steinbock angesehen werden.

Die Stimmungsschwankungen sind nicht der einzige Grund, aus dem die Steinböcke das von ihrem Namen abgeleitete Adjektiv verdienen - kaprizös (lat. Capricorn - Steinbock). Sie können überraschend und unvermutet geistreich und scharfsinnig sein, und sie neigen dazu, alles, was sie mit ihrer Umsicht und Klugheit erworben haben, durch unerwartete und verantwortungslose Anfälle von Respektlosigkeit zunichte zu machen. Eine weitere unerwartete Eigenschaft bei manchen Steinböcken ist das Interesse am Okkulten, das ihrer skeptischen Natur eigentlich widerspricht.

UNTEN Das bizarre Portrait des Steinbocks ist auf einem Medaillon zu sehen, das aus einem englischen Psalter um 1170 stammt.

OBEN Diese naturalistische Darstellung des Steinbocks aus einem französischen Stundenbuch aus der Mitte des 15. Jahrhunderts ist ein klarer Kontrast zu der mythischen Kreatur links.

che nicht verbergen können, besonders wenn sie persönlich versagen oder den unternehmerischen Erfolg nicht erreichen, den sie für ihre Firma geplant hatten.

Sie können gedrückte Stimmung und Spannung verbreiten, die jeden um sie herum deprimiert. Im Extremfall kann dieser Wesenszug sie manisch-depressiv machen, und zwar in sehr großem Maße.

Ihre Intelligenz ist zuweilen sehr scharf. Sie denken tief, wenn auch wenig originell, haben ein gutes Gedächtnis und einen unstillbaren, doch methodischen Wissensdurst. Sie sind rational, logisch und klardenkend, haben eine gute Konzentrationsfähigkeit und Freude an Debatten. Im Extremfall sind sie so brillant, daß ihre geschliffene Rethorik einen Gegner geradezu "vernichten" kann.

In ihren persönlichen Beziehungen sind sie oft nicht zufrieden, wenn nicht sogar unglücklich. Sie sind ichbezogen, mißtrauisch und argwöhnisch gegen andere und Zufallsbekanntschaften behandeln sie diplomatisch, mit

OBEN Elvis Aaron Presley (1935-1977), geboren am 8. Januar. Eine starke Neigung zur Musik soll ein Wesenszug der Steinböcke sein, was der King des Rock'n Roll mehr als bewiesen hat.

Takt und vor allem Zurückhaltung. Sie schließen selten gute Freundschaften, wenn aber doch, sind sie sehr loyal, und sie sind bittere, rachsüchtige Feinde. Manchmal verabscheuen sie das andere Geschlecht heftig und prüfen sich und den potentiellen Partner vor der Ehe sehr genau. Sind sie jedoch erst verheiratet, sind sie treu, obwohl sie zur Eifersucht neigen. Zu ihren Fehlern gehören übertriebene Konventionalität, Bigotterie, Selbstsucht, Vernachlässigung der äußeren Erscheinung, Geiz und Habsucht, chronisches Nörgeln, ständige und unnötige Ängste und Strenge, die in Grausamkeit übergeht.

Zu ihren Berufen können Tätigkeiten mit Mathematik oder Geld gehören, und sie fühlen sich stark von der Musik angezogen. Sie können Wirtschaftswissenschaftler sein, Finanziers, Bankiers, Spekulanten, Unternehmer, Manager und auch Grundstücksmakler. Sie sind hervorragend als Bürokraten, besonders wenn Projekte langfristiges Planen und Arbeiten erfordern, und ihr Geschick beim Debattieren und ihre Liebe zur Dialektik macht sie zu guten Politikern.

Wenn sie mit den Händen arbeiten, können sie praktizierende Wissenschaftler, Ingenieure, Landwirte und Baufachleute werden. Der Witz und die Respektlosigkeit, die für bestimmte Steinböcke typisch ist, kann manchem zu einer Karriere im Unterhaltungsgeschäft verhelfen.

Physisch haben sie dünne Körper und sind überdurchschnittlich groß, mit schmalen Gesichtern und Kiefern. Der lange, von spärlichem, schwarzem Haar bedeckte Kopf, sitzt auf einem dünnen Hals, und auch das Barthaar ist dünn. Sie sind schmalbrüstig und können schwache Knie haben, die ihnen eine wenig einnehmende Haltung verleiht. Trotz ihres wenig anziehenden Körperbaus haben Steinböcke eine kräftige Konstitution. Viele der Beschwerden, über die sie häufig klagen, sind psychosomatisch und auf ihre angeborene Melancholie und Depressivität zurückzuführen.

Steinbock regiert die Knie, die Knochen und die Haut, daher können die Betroffenen anfällig sein für Frakturen und Überbeanspruchung der Knie sowie andere Gebrechen an den Beinen. Hautkrankheiten und Hämorrhoiden sind Gefahren, und durch die Neigung des Steinbocks, sich ständig Sorgen zu machen oder Gefühle zu unterdrücken, können Verdauungsstörungen verursacht werden. Anämie, Nierenentzündung, Katarrh, Taubheit, Rheuma und Rachitis bedrohen Steinböcke ebenfalls.

BERÜHMTE STEINBÖCKE

Richard Nixon, geboren am 9. Januar 1913. Er besaß die Steinbockeigenschaften der Ausdauer, des Strebens nach Autorität und einer politischen Karriere - sowie Selbstmitleid.

Louis Pasteur (1822-1895), geboren am 27. Dezember. Der französische Chemiker und Mikrobiologe schrieb: "Wille, Arbeit und Erfolg... erfüllen das menschliche Dasein" - fast ein Manifest des Steinbocks!

Sir Isaac Newton (1642-1727), geboren am 25. Dezember. Mit seinem mathematischen Genie und seinem geheimen Interesse am Okkulten (Alchemie) war er ein typischer Steinbock.

♒ WASSERMANN ♒

Wassermänner sind im wesentlichen starke und anziehende Persönlichkeiten. Sie fallen unter zwei Haupttypen: Der eine schüchtern, sensibel, freundlich und geduldig; der andere überschwenglich, lebhaft und exhibitionistisch, manchmal die Tiefe des Charakters unter einem Mantel der Frivolität verbergend. Beide Typen sind willensstark und kraftvoll und haben starke Überzeugungen, wobei sie vor allem nach Wahrheit streben. Sie sind sehr aufrichtig und werden immer, wenn ihre Überzeugung durch Beweise widerlegt wird, sofort ihren Standpunkt ändern, selbst wenn sie bisher beharrlich ihre Meinung verteidigt haben.

Sie haben eine umfassende Vorstellungskraft, die diverse Faktoren zu einem Ganzen zusammenfügt, und sie können beide Seiten einer strittigen Frage sehen. Folglich sind sie unvoreingenommen und tolerant gegenüber anderen Meinungen, weil sie die Triftigkeit von Argumenten erkennen können, auch wenn sie diese nicht selbst akzeptieren. Sie sind bereit, von jedermann zu lernen und zeigen sich niemals verständnislos.

Beide Typen sind human, offen, ernsthaft, herzlich, kultiviert, manchmal vergeistigt und idealistisch, wobei letztere Eigenschaft durch praktische Vernunft abge-

UNTEN Wassermann wird gewöhnlich als junger Mann dargestellt, der Wasser ausgießt. Das Bild links zeigt Janus, den doppelköpfigen Gott, der ins vergangene Jahr zurück und nach vorn ins neue blickt.

UNABHÄNGIGKEIT

OBEN Charles Robert Darwin (1809-1882) geboren am 12. Februar. Er war Wassermann in der Bedeutung und Radikalität seiner wissenschaftlichen Forschung und in seiner Loyalität gegenüber Familie und Freunden.

Wassermänner sind unabhängig und respektieren weder Autorität noch Konvention, wenn sie nicht überzeugt sind, daß es vernünftige und überzeugende Gründe dafür gibt. Sie durchschauen Dünkel und Pomp und werden energisch alles unterstützen, was gegen das Establishment gerichtet ist. Doch sind sie sowohl zu tolerant als auch zu intelligent, um Revolutionäre oder Terroristen zu werden. Sie sind originelle und progressive Denker und mögen Neuerungen und Reformen.

schwächt wird. Sie sind schnell, rührig und beharrlich, ohne anmaßend zu sein, und drücken sich mit Vernunft und einem trockenen Humor aus. Grundsätzlich wählen sie ihre Worte maßvoll und vermeiden verbale Attacken.

Sie sind fast immer intelligent, präzise, klar und logisch. Viele sind sehr phantasievoll und physisch intuitiv. Die philosophische und spirituelle Neigung des Wassermanns kann insofern gefährlich sein, als sie die Betroffenen in eine Art "Elfenbeinturm"-Existenz treibt. Hier werden sie möglicherweise über Abstraktionen aller möglichen Weltbilder meditieren, die mit dem wirklichen Leben in der Tat wenig zu tun haben.

Andererseits kann der Wassermann seine Meditationen durchaus in seine wissenschaftliche Forschungen einbeziehen, um seine hohen philantrophischen Ideale zu erfüllen, möglichst der gesamten Menschheit zu nutzen. Sie können sich diesem Ideal bei ihrer Arbeit allerdings so hingeben, daß sie sich bis zur Erschöpfung und

UNTEN Abraham Lincoln (1809-1865), geboren am 12. Februar. Der 12. US-Präsident zeigte in seiner Laufbahn die Humanität, die Sensibilität und den Weitblick des Wassermanns.

Schädigung ihrer Gesundheit antreiben.

Sie ziehen sich zeitweilig von der Welt zurück und werden Einzelgänger. Sie schätzen Gelegenheiten zur Meditation oder, wenn sie religiös sind, zu Exerzitien. Selbst in Gesellschaft sind sie entschieden unabhängig und weigern sich, mit der Menge zu gehen. Sie verabscheuen grundsätzlich Einmischungen anderer, wie gut sie auch gemeint sein mögen; bestenfalls akzeptieren sie Ratschläge, Hinweise und Informationen zu ihren Bedingungen. Häufig haben Sinn für Theater, Musik und Kunst; manche sind künstlerisch hoch begabt, besonders für das Schauspiel, und machen deshalb häufig eine große Bühnenkarriere.

Trotz ihrer oft intensiv anziehenden, zuvorkommenden und offenen Persönlichkeit schließen sie nicht leicht Freundschaft. Manchmal scheinen sie zu anderen zu

BERÜHMTE WASSERMÄNNER

Franklin Delano Roosevelt (1882-1945), geboren am 30. Januar. Der 32. Präsident der Vereinigten Staaten, war "einer der meistgeliebten und gehaßten Männer der US-Geschichte".

Thomas Alva Edison (1847-1931), geboren am 11. Februar. Er entwickelte das Telefon, erfand den Phonographen und hielt mehr als tausend Patente an elektrischen Erfindungen.

Vanessa Redgrave, geboren am 30. Januar 1937. Die englische Schauspielerin beweist Wassermanneigenschaften sowohl in ihrer Politik gegen das Establishment als auch in ihren Fähigkeiten als Schauspielerin.

OBEN Wassermann in einer türkischen Abhandlung über Astrologie aus dem 16. Jahrhundert. Oft unterscheiden sich die künstlerischen Traditionen des Ostens und Westens in der Darstellung, auch wenn es um ähnliche Ideen oder Symbole geht.

herablassend und geben sich wenig Mühe, die Bekanntschaft mit Leuten zu pflegen, die sie für nicht besonders anziehend halten. Sie gehen nicht leicht aus sich heraus und werden manchmal für kalt gehalten. Doch haben sie erst entschieden, daß jemand ihrer Freundschaft oder Liebe würdig ist, können sie eine fast hypnotische und unwiderstehliche Anziehungskraft ausüben und werden verläßliche Freunde und Liebhaber. Sie sind bereit, für ihre Partner alles zu opfern und ihnen lebenslang treu zu sein. Doch wenn sie getäuscht werden, ist ihr Zorn furchtbar, und sie vergeben so schnell nicht.

Wassermänner arbeiten am besten an Gruppenprojekten, vorausgesetzt man erkennt an, daß sie dabei eine führende Rolle spielen. Sie haben ein Gefühl für die Einheit mit der Natur und ein Verlangen nach Wissen und Wahrheit, das sie zu großartigen Wissenschaftlern macht, besonders Astronomen und Naturgeschichtler. Sie können sich in allem Technischen auszeichnen. In den Künsten und der Literatur können sie ihre progressiven Neigungen im Schreiben, besonders in der Dichtung, ausdrücken. Sie sind auch gute Lehrer oder Sozialarbeiter. Einige haben Talent als Entertainer und geben gute Schauspieler oder Musiker ab.

Zu ihren Fehlern gehören fanatische Exzentrizität, eigensinniger Egoismus, exzessive Distanziertheit und eine Neigung zum Rückzug aus Leben und Gesellschaft sowie die Tendenz, in den Ansichten extrem dogmatisch zu sein. Sie können einen Mangel an Integrität durch gebrochene Versprechen, Heimlichtuerei und List zeigen. Kochender Zorn und Groll, Grobheit oder ein gespanntes, drohendes Schweigen, das plötzlich in äußerste Wut ausbrechen kann, dieses alles gehört zur negativen Seite des Wassermanns. Es kann sich auch in einem dauerhaften Haß auf Feinde oder auch die gesamte Menschheit offenbaren.

Physisch sollten Wassermänner unterdurchschnittlich groß sein, stämmig und zur Korpulenz neigend. Ihre Konstitution ist vorwiegend schwach. Sie haben in der Regel lange Schädel und Gesichter und sehen gewöhnlich überdurchschnittlich gut aus (die Männer sind manchmal auf fast feminine Weise hübsch), mit einer frischen Gesichtsfarbe und flachs- oder sandfarbenem Haar. Sie haben zumeist blaue oder nußbraune Augen.

Da Wassermann die Beine von den Knien bis zu den Knöcheln sowie den Blutkreislauf regieren soll, sind die Betroffenen besonders für Krankheiten an Beinen und Knöcheln anfällig, wie z.B. Krämpfe. Wassermänner neigen zu Nervenleiden, Blähungen, Katarrh, Diarrhoe, Ödemen und außerdem zu Kropfbildung.

FISCHE

Fische ist eines der weniger markanten Zeichen, und seine Untertanen sind durchschnittlicher als z.B. die von Löwe, Skorpion und Wassermann. Fische besitzen eine freundliche, geduldige, gefügige Natur. Sie haben viele noble Eigenschaften und sind freundlich, gutmütig, liebenswürdig und mitfühlend. Sie sind sensibel für die Empfindungen ihrer Mitmenschen und reagieren mit äußerstem Mitgefühl und Feingefühl auf jedes Leid, dem sie begegnen.

Sie sind beliebt bei jedermann, weil ihre unbeschwerte, herzliche, respektvolle Art keine Bedrohung oder Herausforderung für stärkere und überschwänglichere Charaktere darstellt. Sie akzeptieren die Leute um sie herum und die Umstände, in denen sie sich befinden, und sie warten geduldig, daß Probleme sich von selbst lösen, anstatt die Initiative zu ergreifen. Sie befassen sich meist lieber mit den Problemen anderer als mit den eigenen.

RECHTS Die türkische Illustration aus dem 16. Jahrhundert zeigt die Fische als Beförderungsmittel für den Astrologen.

UNTEN Das Zeichen wird als zwei Fische dargestellt, die durch eine Linie verbunden sind. Sie bezieht sich auf ein Sternenband, das die Gruppe der Fische verbindet.

Für die praktischen Dinge des Lebens sind ihre Naturen zu weltfremd. Sie existieren eher emotional als rational, eher instinktiv als intellektuell. Ihre Willenstärke, ihr Ehrgeiz und ihre Urteilskraft sind begrenzt, wie bemüht sie auch um Selbstverwirklichung sein mögen. Ihre Konzentrationsfähigkeit ist schwach; es mangelt ihnen an Entschlossenheit, und sie sind leicht

LINKS Elizabeth Taylor, geboren am 27. Februar 1932. Ein Fisch in ihrer künstlerischen Begabung, vielleicht auch in ihrer früheren Alkoholsucht; doch kann man ihr keine Unterwürfigkeit unterstellen.

von ihren Zielen abzubringen. Sie neigen zu träger Lebensweise, obwohl sie nach einem Beruf suchen, in dem sie sich wirklich entfalten können. Aber sie sind leicht zu entmutigen, werden zaghaft, fühlen sich nicht geschätzt und probieren etwas anderes. Sie verabscheuen jede Disziplin und auch jedwede Einengung durch Routine.

In ihren persönlichen Beziehungen sind sie nie egoistisch und geben mehr, als sie von ihren Freunden fordern. Sexuell sind sie heikel, im Extremfall fast asexuell, und die meisten Fische wünschen sich eine Beziehung, in der Verstand und Geist des Partners mit dem ihren harmonieren, nicht so sehr der Körper. Sie sind loyal und häuslich und werden treu bleiben, auch wenn sie sich wegen ihrer träumerischen und unpraktischen Art für eine ordentliche Haushaltsführung nicht eignen.

Ihr Mitgefühl befähigt sie zur Arbeit in Wohlfahrtseinrichtungen, in denen sie Bedürftige versorgen, als Schwestern, die sich um Kranke kümmern, und als Veterinäre, die Tiere behandeln. Als Bibliothekare und Astronomen können sie ihre geistige Wanderlust befriedigen, und ihre Vorliebe für Reisen kann sie zu Seeleuten werden lassen. Viele Architekten und Anwälte sind Fische.

Ihre psychischen und spirituellen Fähigkeiten können zu einer Karriere in der Kirche oder als Medium und Mystiker führen. Die Gastronomie kann ein Betätigungsfeld für ihre Kreativität werden, und sie sollen gute Detektive sein, weil sie sich in Kriminelle hineinversetzen können. In technischen Berufen sind sie im Umgang mit Betäubungsmitteln, Flüssigkeiten, Gasen und Kunststoffen am richtigen Platz. Wegen ihrer Unbeständigkeit und Unfähigkeit, sich auf ein Projekt zu konzentrieren, gehen Fische oft gleichzeitig mehreren Beschäftigungen nach.

Ihre Fehler sind eher ärgerlich als schlimm. Sie kön-

KREATIVITÄT

Fische neigen zum Rückzug in eine Traumwelt, in der ihre Eigenschaften ihnen mentale Befriedigung geben. Sie sind vielseitig und intuitiv, haben eine rasche Auffassungsgabe, können gut beobachten und zuhören und sind aufgeschlossen für neue Ideen und Umgebungen. Alle diese Faktoren können sich verbinden und eine bemerkenswerte Kreativität in Literatur, Musik und Kunst hervorbringen. Selbst wenn sie sich nicht kreativ ausdrücken können, haben sie einen überdurchschnittlichen Instinkt und eine Vorliebe für Schönheit in Kunst und Natur, eine Wertschätzung von Luxus und Vergnügen sowie ein Verlangen nach neuen Empfindungen.

LINKS Georg Friedrich Händel (1685-1759), geboren am 23. Februar. Der Komponist ist ein ausgezeichnetes Beispiel für die Qualitäten der Fische, die bemerkenswerte Kreativität in der Musik ausdrücken können.

nen schwierig sein, überempfindlich und überemotional. Im Geschäftsleben können sie unzuverlässig sein, faul, sorglos, unpraktisch und ineffektiv. Ihre Freunde mögen ihr mangelndes Selbstbewußtsein und das Gefühl der eigenen Bedeutungslosigkeit ärgerlich finden. Oder sie bemängeln im Laufe der Zeit die fehlende Eigeninitiative und Reizbarkeit der Fische.

Andere Fehler, die man Fischen vorwirft, sind Wankelmut, Klatschsucht, Indiskretion und Naivität. Sie können wohl Kränklichkeit nicht vermeiden, doch ihre enervierende Hypochondrie kann die Geduld ihrer Freunde erschöpfen. Sie können intellektuell unredlich, auch tatsächlich betrügerisch, hinterlistig und heuchlerisch sein. In wichtigen Dingen sind sie oft unentschlossen. Wenn sie sich abgelehnt, einsam oder als Versager fühlen, nehmen sie sehr leicht Zuflucht zu Drogen und Alkohol.

Fische sollen leicht unter Durchschnittsgröße sein, von dürftigem Körperbau und schwacher Konstitution. Ihre Körper sind fleischig, mit plumpen Gliedmaßen und untersetzt, ihre Gesichter groß und ihr Teint blaß. Haare und Augen sind gewöhnlich braun und letztere oft hervorstehend und verschleiert.

Fische regiert Füße, Leber und Lympfgefäßsystem, und die Betroffenen können von Anämie, Hämorrhoiden, Geschwüren und anderen Hautkrankheiten bedroht sein, besonders Entzündungen der Augenlider. Sie neigen zu Kropfbildung und Fußbeschwerden.

WEITERE UNTERTEILUNGEN

Zusätzlich zu den oben aufgeführten Charakteristika werden die Sternzeichen auf drei andere Arten unterteilt. Jedes ist entweder positiv (männlich) oder negativ (weiblich). Jedes wird einem der vier Elemente Feuer, Luft, Erde und Wasser zugeordnet (als Triplizitäten bekannt, da es für jedes Element drei Zeichen gibt). Und jedes ist entweder hauptsächlich, fest oder veränderlich (die Quadruplizitäten, weil es für jede Unterteilung vier Zeichen gibt). Positive Zeichen sind spontan und extrovertiert, negative Zeichen introvertiert und passiv. Feuer ist lebhaft und agressiv, Erde realistisch und beherrscht, Luft geistig rege und flüssig im Ausdruck, Wasser sensibel und intuitiv. Die Eigenschaften von Hauptsächlich, Fest und Veränderlich sind Initiative, Standhaftigkeit bzw. Unbeständigkeit/Anpassungsfähigkeit. Die untenstehendeTabelle listet diese Charakteristika auf.

TABELLE 8
CHARAKTERISTIKA DER ZEICHEN

Zeichen		Qualität	Triplizität	Quadruplizität	Herrscher
Widder	♈	positiv	Feuer	hauptsächlich	Mars
Stier	♉	negativ	Erde	fest	Venus
Zwillinge	♊	positiv	Luft	veränderlich	Merkur
Krebs	♋	negativ	Wasser	hauptsächlich	Mond
Löwe	♌	positiv	Feuer	fest	Sonne
Jungfrau	♍	negativ	Erde	veränderlich	Merkur
Waage	♎	positiv	Luft	hauptsächlich	Venus
Skorpion	♏	negativ	Wasser	fest	Mars
Schütze	♐	positiv	Feuer	veränderlich	Jupiter
Steinbock	♑	negativ	Erde	hauptsächlich	Saturn
Wassermann	♒	positiv	Luft	fest	Uranus*
Fische	♓	negativ	Wasser	veränderlich	Jupiter

*früher Saturn.

KAPITEL DREI

DIE PLANETEN UND DIE EIGENSCHAFTEN DER HÄUSER

Unseren Vorfahren waren außer der Erde selbst sieben Planeten bekannt (griechisch planetae bedeutet "Wanderer", weil man sehen konnte, wie sie sich vor dem Hintergrund der feststehenden Konstellationen bewegten). Diese Planeten waren Sonne und Mond, Merkur, Venus, Mars, Jupiter und Saturn. Sie paßten gut zu den sieben Tagen der Woche, die nach ihnen oder nach klassischen Göttern und Göttinnen der skandinavischen Mythologie benannt waren. Daher haben wir Sonn-tag, Mon(d)-tag, Tyrs- oder Tiws-tag (Tiw war Mars), Wodens-tag (Woden war Merkur), Thors-tag (Thor oder Donar war, wie Jupiter, Gott des Donners), Frigg- oder Frea-tag (Frea war die skandinavische Venus) und Saturns-tag. Die Genauigkeit, mit der die sieben Planeten in die Woche paßten, die ein Viertel des Mondzyklus war, und ihre Assoziation zur Primzahl 7, in der Numerologie von Bedeutung, erhöhten die Autorität der Astrologie.

Astrologen behaupten, daß diese sieben Planeten, mit bloßem Auge sichtbar, nahe genug sind, Einfluß auf den menschlichen Charakter zu haben. Die nach der Erfindung des Teleskops entdeckten Planeten sind so weit entfernt, daß jeder von ihnen ausgeübte Einfluß sich über Jahrzehnte erstreckt, sogar über Generationen und Jahrhunderte (Pluto benötigt 248 Jahre für eine Umkreisung der Sonne und des Tierkreises).

Ein angemessenes Horoskop kann zwar auch gestellt werden, wenn man nur die sieben ursprünglichen Planeten verwendet, doch der Vollständigkeit halber sind die Eigenschaften von Uranus (entdeckt 1781), Neptun (berechnet 1845, beobachtet 1846) und Pluto (entdeckt 1930) hier einbezogen worden.

Jedem Planeten wird eine spezielle Beziehung zu einem oder mehreren Sternzeichen und Häusern zugeordnet. Von Astrologen wurde bemerkt, daß die Position eines Planeten in einem Horoskop bestimmte Eigenschaften nahelegt, die denen ähnlich sind, die traditionell mit den erwähnten Göttern und Göttinnen assoziiert werden.

Die Eigenschaften, die durch den Einfluß der Planeten auf die Menschen wirken sollen, werden nachstehend eingehend beschrieben. Zu beachten ist dabei, daß ihr Einfluß immer von der Position anderer Planeten und den Tierkreiszeichen mit bestimmt wird und deswegen nur Züge oder Tendenzen im Charakter eines Menschen bestimmen können. Wenn Sie sich erst näher mit dem Stellen von Horoskopen befaßt haben, wird dieses sehr deutlich.

SONNE

Die Sonne ist Oberhaupt des Sonnensystems und hat mehr Einfluß auf das Leben auf der Erde als jeder andere Himmelskörper. Im christlichen Denken waren die wohltätige Kraft und Vitalität der Sonne symbolisch für die Vaterschaft Gottes und seiner Nutzung der kreativen Kräfte der Natur.

Die Sonne übt den stärksten astrologischen Einfluß

von allen Himmelskörpern auf die Persönlichkeit aus. Manche Astrologen behaupten, daß allein die Kenntnis des Sonnenzeichens einer Person (des Zeichens des Tierkreises, in dem die Sonne bei der Geburt des Induviduums zu finden ist) ein Bild ihres Charakters geben kann, das zu 80 oder mehr Prozent genau sein wird.

Für beide Geschlechter repräsentiert die Sonne Ganzheit des Seins, Autorität, Energie, Stärke und positive Einstellungen. Für einen Mann regiert sie die Schaffens- und Schöpferkraft, darunter seine Stellung als Oberhaupt seines Haushalts und die Karriere, die er einschlagen wird. Für eine Frau repräsentiert sie dasselbe sowie den Mann in ihrem Leben.

Die Person, bei dem die Sonne im Horoskop markant ist, kann ein geborener Führer mit hoher Intelligenz sein, Eigenschaften, die in ihrer Kombination Erfolg bringen dürften. Doch so wie zuviel Sonne unangenehm und manchmal sogar verheerend ist, kann ein Übermaß an Führungsqualitäten zu Arroganz und Extravaganz führen, und die intellektuelle Stärke schlägt in Intoleranz um.

Das Herz transportiert die Lebenselemente in den ganzen Körper, und in gleicher Weise läßt die Sonne Wärme und Licht durch das gesamte Sonnensystem pulsieren. Daher beeinflußt die Sonne physiologisch den ganzen Körper und verleiht ihm durch das Herz Energie. Insbesondere regiert die Sonne die Thymusdrüse, die das Wachstum steuert.

Die Sonne repräsentiert spirituelle Energie, und nicht nur die des Individuums. Die mentale Ausstattung der Menschen besteht aus dem Bewußtsein und dem vielschichtigen Unterbewußtsein. Laut Carl Gustav Jung (Psychiater und Psychotherapeut) gibt es auch das kollektive oder universelle Unterbewußtsein. Jung glaubte, das kollektive Unterbewußtsein enthalte psychische Materie, die von Generation zu Generation wei-

UNTEN Verehrung der Sonnenscheibe, im Stil der Bildhauerei von Gandhara (Pakistan), mit griechischem und römischem Einfluß.

OBEN Die Sonne, aus einer Holzschnittreihe des Hans Sebold Beham von 1531 mit Darstellungen der Planeten.

tergereicht wird. Es drückt sich in Archetypen aus, in Träumen und Ängsten, die uns gelegentlich von einer tieferen Ebene unseres individuellen Unterbewußtseins aus erreichen. Genau wie die Erde nacheinander einen Teil ihrer Oberfläche der Sonne zuwendet, um Licht und Wärme zu erhalten, so beeinflußt die spirituelle Energie der astrologischen Sonne das kollektive Unterbewußtsein der Menschheit.

Das Symbol der Sonne ist ein Punkt in einem Kreis. Der Punkt repräsentiert den Kern des Individuums, der Kreis seine Ganzheit. Der Kreis drückt auch göttlichen Geist und Unvergänglichkeit aus.

Die Sonne regiert Löwe, ihr Haus ist das fünfte, ihr Tag Sonntag, ihre besten Stunden sind die erste, achte, fünfzehnte und die zweiundzwanzigste.

MOND

Der Mond, obwohl von den alten Babyloniern als männlich betrachtet, ist der Planet der weiblichen Eigenschaften, positiven wie negativen. Er ist auch Herrscher der Seele und der "Triebe" des Menschen. Die guten Eigenschaften, die er kontrolliert, sind Intuition, Feingefühl, ästhetisches Empfinden und Zuneigung - besonders innerhalb der Familie, denn die lunare Liebe ist

OBEN Eine teilweise Sonnenfinsternis am 20. Juli 1982.

UNTEN Die Sonne, wie sie in einer italienischen Abhandlung über Astrologie aus dem 14. Jahrhundert dargestellt wird.

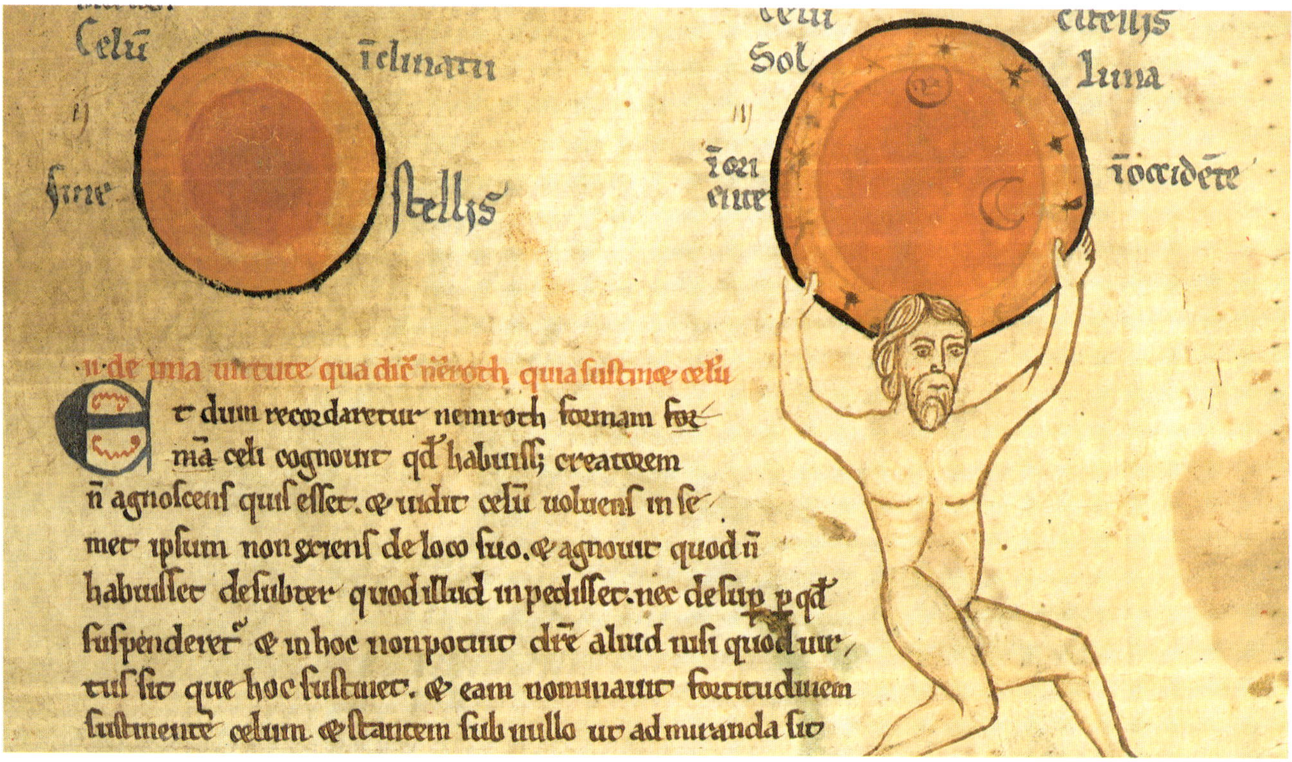

OBEN Carl Gustav Jung (1875-1967) lehrte, daß es ein kollektives Unterbewußtsein der Menschheit gibt. Astrologen glauben, daß es durch Sonneneinfluß mit Energie versorgt werden kann.

RECHTS Symbolische Darstellung der Tätigkeiten in Zusammenhang mit Wasser, mit dem der Mond assoziiert wird. Oben Diana, die Mondgöttin, die eine Mondsichel hält.

nicht sexuell, rein und oft spirituell. Spirituell ist auch die Intelligenz, die der Mond seinen Untertanen schenkt, denn sie benutzen ihre Lebenserfahrung, um ihre Sensibilität zu entwickeln. Die Mondfrau kann durchaus glühende Feministin sein, stolz auf ihr Geschlecht und die dazugehörigen Eigenschaften, und zugleich zutiefst mütterlich und ihre Familie beschützend. Sowohl sie als auch der Mondmann können ein starkes Empfinden für Loyalität und Patriotismus haben.

Weniger gute Eigenschaften des Mondcharakters sind seine Launenhaftigkeit, Ruhelosigkeit, leichte Beeinflußbarkeit, Impulsivität und die Tendenz, mit der Masse zu gehen. Die Gelassenheit des Charakters kann leicht zu Passivität und Ängstlichkeit degenerieren oder langweilig werden, wie auch die ästhetische Empfänglichkeit in Hirngespinste und Träumereien umschlagen kann. Es besteht die Gefahr, daß der Mondmann einen Mutterkomplex entwickelt.

Der Mond wird mit Wasser assoziiert, und dessen Einfluß auf die Gezeiten symbolisiert Wandel und Bewegung, allerdings eher in rhytmischer als in anarchischer Weise. Rhythmus, sowohl in Ebbe und Flut des Meeres als auch im Zu- und Abnehmen des Mondes, ist ein Symbol der Schwangerschaft, während die Konjunktion von Sonne und Neumond Kopulation bedeutet. Allgemeiner stellt der Mondzyklus die physische Veränderung des Lebens dar, Wachstum von der Geburt bis zur Reife, gefolgt von einem allmählichen Niedergang zurück ins Nichts.

Astrologisch weist der Mond auch auf den Kampf zwischen Körper und Geist hin, der in allen menschlichen Wesen zu finden ist. Er wird in einer Richtung von der Sonne angezogen, die den Geist symbolisiert, in der anderen von der Erde, die die Materie darstellt. Das bedeutet nicht, daß der Mondcharakter immer Unbeständigkeit zeigen muß, und ob der innere Widerstreit tatsächlich in Erscheinung tritt oder nicht, hängt weitgehend von der Position des Mondes zu den anderen Planeten ab.

Eine Konjunktion von Sonne und Mond z.B. ergibt eine Person, die genau das ist, was sie zu sein scheint; doch wenn Sonne und Mond in Opposition sind, wird

OBEN Bis zur Entdeckung des Neptun wurde nur der Mond mit Flüssen und Meeren in Verbindung gebracht. Der Einfluß des Mondes auf die Gezeiten ist offensichtlich und wissenschaftlich längst bewiesen.

die Person sich als einen bestimmten Charakter sehen, während andere einen ganz anderen und sogar entgegengesetzten sehen. Ist der Mond im Aspekt (s. S. 23 wegen umfassender Erklärungen) mit nur einem anderen Planeten, wird sich ein widerspruchfreies Verhalten ergeben. Bestehen jedoch Aspekte zwischen dem Mond und vielen Planeten, ist das Ergebnis eine Person, die ihr Verhalten ihrer Gesellschaft anpaßt. Sie kann ein amüsanter Unterhalter sein, der sich nicht vor Exhibitionismus scheut, wenn das einen Lacher einbringt, oder ein Politiker, dessen geistreiche, sorgfältig ausgearbeitete Reden ihm eine Karriere sichern können.

Physiologisch regiert der Mond die autonomen Systeme mit ihren zahlreichen Nervenreflexen und die automatischen physischen Reflexe, die wir ab unserer Geburt entwickeln. Er regiert auch Magen, Uterus, Ovarien, Brüste und Pankreas und beeinflußt die Körperflüssigkeiten, den Blutkreislauf und die Verdauungs- und Lymphgefäßsysteme. Außerdem soll der Mond besonders das pflanzliche Wachstum beeinflussen.

Psychisch repräsentiert der Mond die rechte Gehirnhälfte, den Sitz der Intuition. Wie die Sonne mit dem universellen Unterbewußtsein befaßt ist, ist der Mond der Planet des individuellen Unterbewußten und seiner psychologischen Eigenschaften. Er verbindet Gegenwart und Zukunft, mit dem Ergebnis, daß lunare Persönlichkeiten sich nostalgisch nach vergangenen Zeiten sehnen. Sind sie aber in ihrer Lebenseinstellung im Gleichgewicht, werden sie ihre Erinnerungen und früheren Erfahrungen als Anregung für künftiges Handeln nutzen. Der Mond, in seinem Verhalten zyklisch und rhythmisch, formt in seinen Untertanen Verhaltensmuster, die aus der Ebbe und Flut ihrer inneren Empfindungen hervorgehen.

Das Symbol des Mondes ist eine Mondsichel, die als unvollkommener Kreis den Geist repräsentiert; die sichtbare Sichel repräsentiert das Bewußtsein, der unsichtbare Teil des Kreises das Unterbewußtsein. Er herrscht im Krebs, dem Haus der Nacht, passenderweise ist dies auch ein Wasserzeichen; sein Haus ist das vierte, sein Tag Montag, seine besten Stunden sind die zweite, neunte, sechzehnte und die vierundzwanzigste.

MERKUR

Da er seinem Vater Sonne am nächsten und der kleinste Planet im Sonnensystem ist, wird Merkur als Planet der Kindheit und Jugend angesehen. Er hat die größte Lineargeschwindigkeit und die kürzeste Umlaufzeit,

UNTEN Der Himmelskörper, der uns am vertrautesten ist: Ein Foto von der Mondoberfläche mit dem Krater Erastosthenes, Durchmesser 38 Meilen, aufgenommen von Apollo 12.

OBEN Wie diese ungewöhnliche französische Illustration aus dem 17. Jahrhundert zeigt, wurde die Wirkung des Mondes auf die Frauen recht drastisch gesehen - besonders bei Vollmond.

OBEN Das Zu- und Abnehmen des Mondes wird auch als Symbol für die Schwangerschaft angesehen.

was ihm eine Lebhaftigkeit im Vergleich zu den anderen Planeten gibt. Dies unterstützt den Gedanken der Jugendlichkeit und erklärt, warum er in der griechischen Mythologie als der behende Bote der Götter betrachtet wurde, mit Flügeln an den Füßen, die ihn durch die Himmel trugen.

Merkurisch zu sein heißt, eine impulsive Intuition zu besitzen, mit schlagfertigem Witz zu glänzen und agil, lebhaft, unbeständig und ruhelos zu sein. Der Merkurmensch hat oft ein gutes Gedächtnis und ist intelligent, sogar brillant, einer der glücklichen Menschen, der Prüfungen bestehen kann. Seine Gelehrsamkeit ist umfassend, aber nicht tief, denn ihm mangelt es an Nutzanwendung und er zieht es vor, eine neue Kunst oder Wissenschaft zu erlernen, als sich zu bemühen, das bereits bekannte zu vertiefen. Er ist sehr rational und objektiv, bleibt in Zweifelsfragen ungebunden und wird, charmant und unschuldig, in nahezu allen Situationen neutral daneben stehen.

Er ist ein guter Pädagoge, denn er liebt es zu lehren und kann kommunizieren. Seine Begeisterung wird sogar seine Schüler mitreißen, obwohl sie zuweilen von seinen plötzlichen Temperamentsausbrüchen erschreckt werden können. Seine Fähigkeit zur Kommunikation in Verbindung mit seinem Talent, die eigene Persönlichkeit auszudrücken, kann ihm einen guten Ruf in der Werbung oder als Journalist in den Medien verschaffen. Seine Beredsamkeit macht ihn zu einem ausdrucksstarken Sprecher für die Rechte anderer, so daß er seinen Platz in Regierungsstellen oder in wohltätigen Organisationen finden kann.

Er kann sich vielen unterschiedlichen Karrieren

LINKS Eine römische Gesichtsurne aus dem späten 2. Jahrhundert, dem Merkur geweiht.

zuwenden, wobei er Gefahr läuft zu scheitern, da seine Vielseitigkeit zum Dilettantismus verführt. Er kann über große künstlerische Begabungen verfügen, doch wird sein Vortrag, obwohl brillant, zu Oberflächlichkeit und mangelnder Ernsthaftigkeit neigen. In technischen Berufen ist er erfinderisch und hat Geschick im Bauwesen. Er kann ebenso ein Experte in Kommunikationssystemen werden. Er liebt Reisen, insbesondere dorthin, wo zuvor wenige waren, und vollbringt dabei Pioniertaten. Er kann ein guter Arzt sein, mehr als Allgemeinmediziner denn als Spezialist, denn er braucht Abwechslung bei der Arbeit. Seine persönlichen Beziehungen können anderen Unglück bringen, da er von diesen Dingen vergleichsweise unberührt bleibt. In Freundschaft und Liebe beherrscht der Verstand das Herz, und hinter seinem Charme ist er launisch, kalt, selbstsüchtig und

UNTEN Kunst, Mathematik, Musik - Aktivitäten, die mit Merkur assoziiert sind - werden unterhalb seines Wagens dargestellt. Die Räder zeigen seine "Häuser", Zwillinge und Jungfrau.

OBEN Italienische Illustration aus dem 15. Jahrhundert. Arbeiter auf dem Felde unter dem Einfluß von Merkur, begleitet von Zwillinge und Jungfrau. In der linken Hand hält er einen Merkurstab.

äußerst berechnend.

Er kann unerfreuliche Eigenschaften haben - Oberflächlichkeit, Seichtheit, Verschlagenheit, Listigkeit, Heimtücke - ein durch und durch schlüpfriger Charakter. Außerdem kann er leichtfertig sein, von ungestümer Heftigkeit und dazu neigen, lieber falsche Entscheidungen zu treffen als Unwissen oder mangelnde Erfahrung zuzugeben. Dabei ist er sogar bereit, sein Versagen durch Lügen und Schuldzuweisung an andere zu vertuschen. Merkur ist auch der Schirmherr der Diebe, und der kriminelle Merkurmensch wird ein geschickter Gauner sein, der sich mit Charme das Vertrauen seiner Opfer erschleicht.

Die eine Seite des Merkur ist immer der Sonne zugewandt, die andere immer von ihr fort. Die beiden Seiten entsprechen den Bereichen des geistig Bewußten und Unbewußten. Physisch regiert Merkur das Hirn als Sitz des Verstandes, der Logik, des Bewußtseins und des Willens. Ferner das zentrale Nervensystem und die

Schilddrüse, die unter anderem einige spezifische Eigenschaften des Merkurmenschen steuert, wie z.B. Beweglichkeit, Lebhaftigkeit und nervöse Reaktionen.

Zwillinge und Venus sind die von Merkur regierten Sternzeichen, seine Häuser sind das dritte und sechste, sein Tag ist der Donnerstag, und seine Stunden sind die vierte, elfte und achtzehnte. Sein Symbol ist ein Halbkreis, dessen Spitzen aufwärts weisen, über einem Kreis, unter dem ein Kreuz ist. Der Halbkreis wird als Symbol des menschlichen Verstandes und Geistes interpretiert, der Vollkreis als Ganzheit und göttlicher Geist, das Kreuz als Materie.

Alternativ gilt das Symbol als konventionelle Darstellung des Kaduzeus, des vom Götterboten Merkur getragenen Stabes, der heute unter anderem in manchen Ländern als Emblem der ärztlichen Zunft verwendet wird. Er besteht aus einem Stab mit ausgebreiteten Flügeln am oberen Ende und zwei Schlangen, die sich darum winden.

UNTEN Eine Konturenkarte der Oberfläche der Venus auf einer Merkatorprojektion. Der rote Umriß mit dem weißen Zentrum ist ein Berg, höher als der Mount Everest.

VENUS

Venus, der einzige weibliche Planet, hat einen unverdient schlechten Ruf, weil er fälschlicherweise mit zügellosem sexuellen Verlangen in Verbindung gebracht wird. Aber nur gelegentlich wird ihr Einfluß in dieser Richtung ausgeübt, und traditionell wird sie als guter und günstiger Planet betrachtet, wie die weiteren Ausführungen zeigen werden. Trotzdem hält sich diese Fehlinterpretation noch immer recht hartnäckig in vielen Schriften.

Ursprünglich war Venus eine Frühlingsgöttin und hatte als solche mit Fruchtbarkeit und neuem Leben zu tun, folglich mit der sexuellen, erzeugenden Seite der Liebe. Doch kümmerte sie sich viel mehr um die engen persönlichen Beziehungen aller Art - die tiefe Zuneigung von Freunden und die Liebe der Eltern, besonders der Mütter zu den Kindern. Liebe und Harmonie wünscht sich Venus für alle diejenigen, die sie in

UNTEN Eine Darstellung der Venus und des Jungbrunnens aus dem 15. Jahrhundert.

Freundschaft, Liebe und inniger Kameradschaft zusammenführt.

Der Venusmensch ist empfänglich für Harmonie jeder Art, in der Musik und allen darstellenden Künsten. Er bewundert körperliche Attraktivität bei Männern und Frauen, besonders wenn ihre Schönheit mit Anmut, Eleganz und anspruchsvollem Wesen gepaart ist. Er genießt Vergnügen und Schönheit jeder Art. Sein Ohr erfreut sich an der Musik und er ist ein Gourmet. Er erfreut sich an seinem Körper und fühlt sich in ihm zu Hause, so daß er ein eleganter Tänzer ist und auch als Sportler Großes leistet. Er wird außerdem ein sinnlicher und sensibler Liebhaber sein (ganz im Sinne der Venus).

Zusätzlich zu diesen starken kreativen, künstlerischen und ästhetischen Zügen hat der Venusmensch eine sonnige, optimistische und geistreiche Veranlagung. Er strahlt Wärme und Sympathie aus, und ist gern bereit, Zuneigung und Wertschätzung sowohl zu geben als auch zu empfangen. Beide Geschlechter sind taktvoll, schätzen Zusammenarbeit und gemeinsame Ziele mit ihren Partnern, und sie sind miteinander zufrieden und sich aufrichtig treu, wenn diese Ziele erreicht werden können. Venusmenschen sind gut im Geschäftsleben, weil sie die Fähigkeit besitzen, Gelegenheiten herbeizuführen und zu nutzen. Ihre Bewunderung von Harmonie und Eleganz läßt sie Zwietracht und Gewalt verabscheuen, und sie gestalten ihr Leben nach hohen Idealen, die sie sich selbst setzen.

Weil Venus die femininen Eigenschaften repräsentiert, kann der Venusmann charakterlich feminin sein. Das kann im negativen Fall bedeuten, daß er ein kriechender, schmeichelnder Schwächling ist. Ebenso kann die Venusfrau ein gefügiges, passives, furchtsames Mauerblümchen sein. Bei beiden ist wahrscheinlich, daß sie langweilig und verschmäht sind und deshalb ihre Einsamkeit durch vorwiegend promiskuitive Liebesaffären kompensieren.

Diese unerfreulichen Eigenschaften sind umso wahrscheinlicher, wenn Venus durch einige andere Planeten und gewisse Sternzeichen beeinflußt wird. Ist sie in Konjunktion mit der Sonne, erhöht sie die Möglichkeit der Femininität bei ihren männlichen Untertanen. In Zwillinge stärkt sie die Tendenz zu Unbeständigkeit

RECHTS Die Venus von Milo, Mitte des 2. Jahrhundert v.Chr., wohl die am schönsten proportionierte weibliche Statue aller Zeiten, jetzt im Louvre, Paris.

und Promiskuität. In Skorpion regt sie einen hitzigen Geschlechtstrieb an, der wohl nur schwer zu beherrschen sein kann.

Ist Venus im rechten Winkel zu Saturn, müssen sich ihre Untertanen vor Egoismus hüten. Ist sie in Konjunktion mit Saturn oder Merkur, sollten sich Ehemänner, die mit ihren Ehefrauen auf Kriegsfuß stehen, vor deren Kochkünsten hüten und immer daran denken, daß die traditionelle Mordwaffe einer Frau meistens das Gift ist.

Venus regiert die Nebenschilddrüsen im menschlichen Körper. Diese kontrollieren den Kalziumhaushalt des Organismus und bilden den Rahmen des Skeletts. Der Lumbalbereich steht auch unter dem Einfluß von Venus. Die im Zeichen der Venus Geborenen sind durch ihre Vorliebe für scharfe Speisen von Magenbeschwerden bedroht und außerdem durch ihre extreme sexuelle Veranlagung von allen möglichen Geschlechtskrankheiten.

Das Venussymbol ist das archetypische weibliche Zeichen für das weibliche Geschlecht, bestehend aus einem Kreuz über einem Kreis. Der Kreis steht für Ganzheit und göttlichen Geist und das Kreuz für Materie. Venus ist mit Stier und Waage verbunden. Sie regiert im zweiten und siebenten Haus. Ihr Tag ist der Freitag, und ihre Stunden sind die siebente, dreizehnte und die neunzehnte.

OBEN LINKS Venus wird von ihrem Sohn Cupido gefahren. Die Räder ihres Wagens zeigen Stier und Waage als ihre "Häuser".

OBEN RECHTS Aphrodite (Venus) und Pan, in die Rückseite eines griechischen Spiegels geritzte Zeichnung, ca. 350 v.Chr.

MARS

Mars kann durch das vierte der berühmten sieben Menschenalter von Shakespeare charakterisiert werden (As You Like It, II, *Was Ihr wollt*):

Dann ein Soldat,
Voll fremdartiger Verwünschungen und bärtig
wie der Leopard,
Bedacht auf Ehre, plötzlich und rasch im Streit,
Trachtend nach der Seifenblase des guten Rufes
selbst in der Kanone Mündung.

Traditionell ein schlechter oder unheilvoller Planet. Mars verkörpert das männliche Prinzip mit seinen Tugenden und Untugenden, besonders Männer in ihrer Eigenschaft als Gatten und Väter. In weiblichen Horoskopen steht er für männlichen Einfluß, insbesondere den des Partners.

Der Mars-Charakter ist unternehmungslustig, sorg-

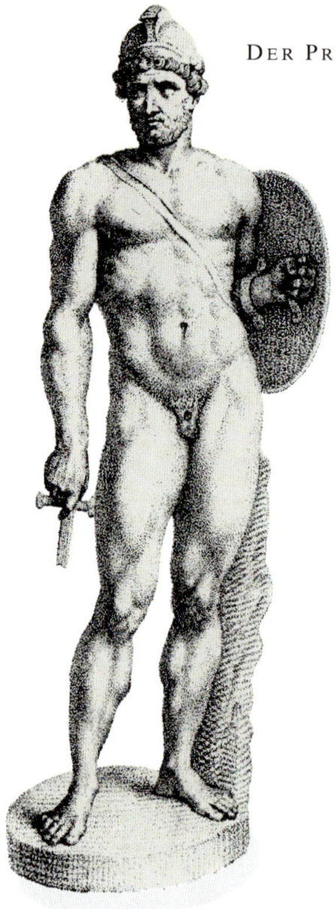

RECHTS Eine klassische Statue des Mars, die den kriegerischen Aspekt dieses Zeichens betont.

OBEN Der gerüstete Mars in seinem Streitwagen; die Räder tragen die Zeichen seiner "Häuser", Widder und Skorpion.

UNTEN Krieg; Plünderung und Brand sind unter dem Wagen des Mars zu sehen, der von den Kriegshunden gezogen wird.

fältig, energisch, anmaßend und genießt harte Arbeit um zu spüren, wie Körper und Geist auf eine Herausforderung reagieren. Er ist ein geborener Führer und kann ein Pionier auf vielen Gebieten sein, der die Initiative zu Veränderungen ergreift. Allerdings nur, wenn der Weg von anderen gewiesen wird, denn ihm mangelt es an Inspiration. Er hat nicht die Raffinesse oder Geduld zu Winkelzügen und wird manchmmal durch rauhe Manieren, brüske Offenheit und Mangel an Kultiviertheit auffallen. Er hat wenig Tiefgang und keine künstlerischen Neigungen.

Er ist furchtlos - vor allem wegen seines Mangels an Vorstellungskraft -, fröhlich, tapfer und unermüdlich und treibt sich selbst bis an seine Grenzen. Dabei kann er ungeduldig, voreilig, impulsiv und erregbar sein. Doch nimmt er keine unnötigen Risiken auf sich, und er kann einen guten Rat als solchen erkennen.

Das macht ihn zu einem perfekten Soldaten - und folgerichtig sind vom Mars beeinflußte Menschen häufig diejenigen, die ihre Soldatenzeit als den besten Abschnitt ihres Lebens bezeichnen, selbst wenn sie in schwere Kriegshandlungen involviert waren. Sie beschwören die damalige Kameradschaft und das Gefühl, etwas erlebt zu haben.

Bei öffentlichen Ereignissen entwickelt er ein Gespür für die Gelegenheit, und wenn er eine hohe Position bekleidet, kann er eine Würde an den Tag legen, die eindrucksvoll ist. Ein weiterer Zug ist Hartnäckigkeit. Als Gelehrter wird er seine Forschungen mit

Gründlichkeit betreiben und an seinen Grundsätzen festhalten.

Ein unverfälschter Marstyp ist ein schrecklicher Macho, aggressiv, ausgelassen mutwillig, schlimmstenfalls von grausamer Böswilligkeit. Ausgelassen, wenn nüchtern, gewalttätig, wenn betrunken - die Untertanen des "schurkischen Planeten" sind extravagant in Kleidung und Ausstattung, lieben Raufereien mit anderen Männern und geben sich gegenüber Frauen brutal wollüstig und verächtlich.

Die Röte des Mars kündete der alten Welt von Gefahr, Feuer, Seuchen und Katastrophen, doch für die Römer symbolisierte er erstaunlicherweise Schutz vor Pest, Stürmen und Dürre; vielleicht war man bemüht, die Götter möglichst positiv zu besetzen.

Der ausgeglichene Mars-Charakter kann Erfolg als Sportler haben, in Disziplinen, die Ausdauer und Kraft verlangen. Im Berufsleben kann er seine Erfüllung als Friseur, Fleischer, Mechaniker oder Metallhandwerker finden.

Physiologisch regiert Mars die Nebennieren, die Muskeln, die roten Blutkörperchen, das Nervensystem, die Sexualdrüsen und das Urogenitalsystem sowie zum Teil die Nieren. Er beherrscht die Energie, das Immunsystem des Körpers und seine Widerstandsfähigkeit gegen Krankheiten. Marsgeborene neigen zu Kankheiten wie Verbrennungen, Verbrühungen, Fieber und Entzündungen.

Das männliche Symbol der Biologie wird für Mars verwendet und manchmal als Schild und Speer interpretiert, manchmal als Initiative und Objektivität (der Pfeil), die aus dem göttlichen Geist entspringen (der Kreis) Mars regiert in Widder und Skorpion, seine Häuser sind das erste und achte, sein Tag ist der Dienstag, und seine Stunden sind die dritte, zehnte, siebzehnte und die vierundzwanzigste.

JUPITER

Jupiter folgt unmittelbar auf Mars; seine Auswirkungen sind ebenfalls bei Shakespeares veranschaulicht, und zwar ebenfalls in den "Altern des Menschen":

Und dann die Gerechtigkeit
Der Magen hübsch und rund, gesäumt mit gutem Kapaun,
Mit Augen streng und Bart von offiziellem Schnitt,
Voll kluger Sprüche und neuester Beispiele.

Shakespeare hätte kaum ein besseres Bild vom Jupitermann geben können, außer daß es in der dritten Zeile besser heißen sollte "mit zwinkerndem Auge". Denn da Jupiter der größte und astrologisch der günstigste Planet ist, sind seine Untertanen mental großmütig.

In Gedanken und Geistesbildung erfassen sie ein großes Gebiet und sind wohlwollend gegenüber ihren Gefährten. Würdevoll bis zum Patriarchalischen schon in jungen Jahren sind sie geborene Führer, die Gefolgschaft erwarten und in jedem Beruf hervorragend sind, hohe Stellungen und Wohlstand erreichen.

RECHTS Jupiters Wagen über den höfischen Betätigungen von Kirche und Staat, die mit dem Planeten assoziiert werden. Der Künstler hat auf dem Vorderrad fälschlicherweise angezeigt, daß Fische eines der "Häuser" des Jupiter ist. Tatsächlich sind das Krebs und, wie dargestellt, Schütze.

OBEN Eine römische Bronzestatuette (2. bis 4. Jahrhundert) des Zeus (Jupiter), der ein Zepter und einen Donnerkeil hält.

Die Menschen unter Jupiters Einfluß sehen gut aus, mit imponierendem, eindrucksvollem Verhalten und sind konventionell in Kleidung und Benehmen. Sie geben gute Richter ab, weil sie wahrhaftig hochhalten, was sie innerhalb der etablierten Ordnung für das Beste halten.

Ihr angeborener Konservativismus mag jedoch nicht mit der Zeit Schritt halten, und sie laufen Gefahr, tatsächlich altmodisch zu werden. Ihr Bestreben ist es, ruhig durchs Leben zu gehen, welchen Beruf sie auch wählen, genügend Geld zu verdienen und in der Öffentlichkeit geschätzt zu werden.

Doch obwohl sie nach materiellem Erfolg und Anerkennung streben, sind sie gewöhnlich nicht materialistisch. Sie versuchen, die Schwächen ihres Charakters zu erkennen und auszumerzen sowie durch ihre Lebenserfahrung spirituelle Reife zu erlangen - denn sie sind begierig, den Sinn des Lebens und des Schicksals zu begreifen. Sie können daher tiefschürfende Philosophen und gute Theologen sein.

Jupitercharaktere sind nicht egoistisch. Sie sind humorvoll, in einer eher leutseligen als witzigen Art (jovial ist das Adjektiv, abgeleitet von Jove oder Jupiter), und großzügig in der Einschätzung ihrer Freunde. Sie haben ein ausgeprägtes soziales Bewußtsein und benutzen ihre Macht, um die Hilflosen zu beschützen und diejenigen, die ihren Beistand brauchen, zu trösten und zu ermutigen. Als Richter würden sie, wann immer möglich, das Gesetz durch Gnade mildern.

Häufig werden sie bei denen, die mit dem Leben weniger gut zurechtkommen, Kritik und Neid wecken, da sie diesen zu sorgenfrei und erfolgreich erscheinen. Doch meistens haben sie sich dieses Glück wirklich verdient und werden möglichen schlechteren Zeiten mutig begegnen. In verzweifelten oder hoffnungslosen Lagen beweisen sie größere Zähigkeit als der Durchschnitt und bewahren ihren Optimismus. Physisch neigen sie

UNTEN Ein jugendlicher, bartloser Jupiter, der Donnerkeile und ein Zepter hält und Händler bei ihren Geschäften beaufsichtigt.

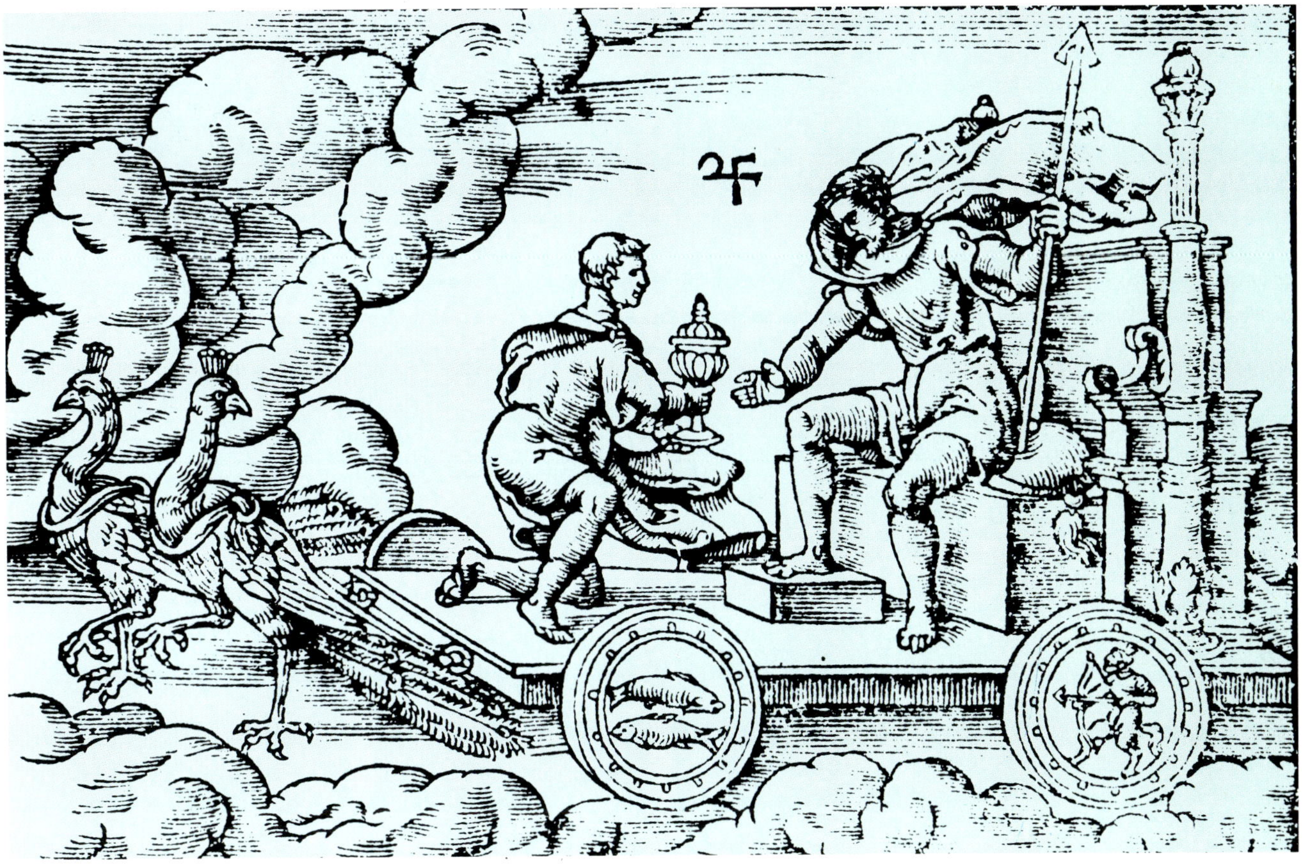

OBEN Hier nimmt Jupiter von Ganimed, dem Mundschenk der Götter, einen Pokal mit Wein entgegen. Sein Wagen wird von Pfauen gezogen, die mit seiner Königin Juno assoziiert werden.

zur Korpulenz, obwohl sie dabei meistens gesund sind.

Ein negativer Jupitercharakter ist eingebildet und von sich selbst eingenommen. Er meint, daß die Welt ihm seinen Lebensunterhalt schuldet, und ist sogar zu kriminellen Handlungen fähig, um zu erlangen, was er für ihn zustehend hält. Er wird zur Übertreibung in Rede, Kleidung und Verhalten neigen und ein prahlerischer, schwülstiger, und sehr extravaganter Aufschneider werden.

Die Hypophyse, welche die Hormonproduktion steuert und im Körper eine heilende, harmonisierende Funktion ausübt, gehört zu den Belangen des Jupiter. Ebenso die Leber, die das Blut reinigt.

Das Symbol des Jupiter wird von einem Halbkreis gebildet, der Verstand und menschlichen Geist repräsentiert, der sich über einem Kreuz (Materie) erhebt. Es verkörpert den Geist, der sich aus Weltlichkeit und Erfahrung erhebt und diese überschreitet. Jupiter regiert Schütze (positiv und maskulin) und Fische (negativ und feminin) sowie das neunte und das zwölfte Haus. Sein Tag ist der Donnerstag, und seine besten Stunden sind die fünfte, die zwölfte und auch die neunzehnte.

SATURN

Saturn ist der Planet der negativen Seiten der Persönlichkeit und wird daher als unheilvoll betrachtet. Wenn Kindheit und Jugend zu Merkur gehören und die reifen mittleren Jahre zu Jupiter, ist das Alter dem Saturn zugeordnet, des

Mageren und pantoffelbewehrten Hanswursts,
Mit Augengläsern auf der Nase, den Tabaksbeutel an der Seite:
Seine jugendliche Kniehose, gut erhalten, viel zu weit
Für sein eingeschrumpftes Bein; und seine kräftig

männliche Stimme,
Die wieder umschlägt in kindischen Diskant, Piepsen
Und Pfeifen im Klang.

Saturnmenschen durchlaufen jedes Menschenalter wie die Untertanen aller anderen Planeten, und manche ihrer Eigenschaften sind bei jedem ausgeglichenen Menschen notwendig. Sie sind vorsichtig, kontrolliert, geduldig, sparsam (mit dem Risiko des Geizes), beherrscht, fähig zu harter Arbeit und großer Konzentration, selbstdiszipliniert, reif und verantwortungsbewußt. Sie sind mit Nüchternheit des Verlangens wie des Charakters ausgestattet und stolz auf ihre Besonnenheit, Klugheit und Findigkeit. Ihre pessimistische Veranlagung läßt sie das Schlimmste erwarten, und sie sind auf jeden Eventualfall vorbereitet.

UNTEN Der alte Saturn, gebeugt und in der Hand die Sense tragend, das Emblem des Todes, "der grimmige Schnitter".

In ihren persönlichen Beziehungen bemühen sich Saturnmenschen, fair zu sein. Doch oft verlieren sie Freunde durch ihren zwar geistreichen, aber beißenden Humor, der durch seine satirische Art verletzen kann. In der Ehe wird der Mann gewissenhaft und loyal für seine Ehefrau sorgen, und die Saturnfrau wird mit einem wirtschaftlich geführten Haushalt glänzen, in dem alles seinen Platz hat.

Der Saturnmensch hat eine breite Auswahl an Berufen, vorausgesetzt er findet in ihnen Bereiche, in denen er vorausplanen und routinemäßig nach einem Zeitplan in seinem eigenen, stetigen Tempo arbeiten kann. Er mag ein stetiges Vorankommen, dabei keine Forderungen nach plötzlichen Entscheidungen oder inspirierender Führung seinerseits, und am Ende eine Pension.

Er braucht Zeit, um seine Logik und gedankliche Klarheit auf konkrete Ideen und Pläne zu konzentrieren. Der Saturnmensch erträgt monotone, mühsame Arbeit, die Geduld, Hingabe und Pflichtgefühl erfordert. Er wird in Architektur und Bauwesen, Landwirtschaft, bestimmten Bereichen der Wirtschaft, öffentlicher Verwaltung und Politk, Tiefbau, Forstwirtschaft, der Kirche und anderen kontemplativen Betätigungen Erfolg haben.

Der Saturncharakter, selbst in bester Verfassung selten glücklich, besitzt das Talent, sich zum elendsten aller Menschen zu machen. Oft sieht er sich selbst als wertlos und unzulänglich, ein einsamer Versager, gehemmt, beschränkt und deprimiert. Derartige Gedanken verstärken seine Melancholie und machen ihn mißtrauisch gegen seine Gefährten. Die negativen Seiten des Saturncharakters können sich in Bosheit und offener Grausamkeit äußern.

Der von anderen Planeten nicht gemilderte Einfluß des Saturn im Horoskop ist unheilvoll. Er ist der Planet des Unglücks, des Elends, der Furcht, des Leids, besonders des schmerzlichen Verlustes, der Trennung und des Duldens. Er hat mit mentaler und physischer Beschränkung und Einengung zu tun, einschließlich der Gefangenschaft, und der Verringerung der körperlichen Lebensqualität durch Arterienverkalkung und andere Altersleiden.

Die festen Teile des Köpers - unter anderem die Knochen und Zähne - werden von Saturn beherrscht. Auch wenn diese Teile dem Körpergerüst die notwendige Festigkeit verleihen, sind Skelett und Schädel Embleme des Todes.

OBEN Hier ein großväterlicher Saturn, der über den herbstlichen Tätigkeiten residiert, die mit ihm assoziiert werden. Auf den Wagenrädern seine "Häuser", Wassermann und Steinbock.

Das Symbol des Saturn, das an eine Sense erinnert, kann als Todes-Zeichen angesehen werden, obwohl der Saturn manchmal als auf eine Krücke gestützten Menschen dargestellt wird, was eher mitleidsvoll scheint als todesdrohend.

Oder es ist, wie bei anderen Planetensymbolen gesehen, ein Kreuz (Materie) über einem Halbkreis (Verstand, menschlicher Geist), was die Beschränkung des Spirituellen durch die Grobheit des Physischen darstellt oder den unvermeidlichen Sieg des Todes über jeden physischen Organismus. Saturn regiert Steinbock und Wassermann sowie das zehnte und elfte Haus. Sein Tag ist der Sonnabend, und seine besten Stunden sind die siebente, die vierzehnte und die einundzwanzigste des Tages.

URANUS

Uranus benötigt ein langes Menschenleben von 84 Jahren, um eine Umkreisung der Sonne zu vollenden, und kann daher nur wenig Einfluß auf das Individuum haben. Doch trotz der Meinung, daß so weit entfernte und langsame Planeten eher Generationen als Individuen beeinflussen dürften, wird von Uranus angenommen, daß er eine gewisse Wirkung auf die Menschen ausübt, in deren Horoskop er markant ist. Von ihnen heißt es, sie seien unkonventionell und stolz auf ihre Individualität, Unabhängigkeit des Denkens und Originalität.

Ihre Unduldsamkeit gegenüber alten Systemen und Vorstellungen und ihr Verlangen nach Freiheit von Meinung und Verhaltens, äußert sich oft in Rebellion gegen jede Autorität und sogar in aktiver Revolution. Im Privatleben entwickeln sie ihre eigenen sexuellen und moralischen Normen, ganz gleich was Kirche, Staat und Gesellschaft verlangen mögen. Sie sind vielseitig, erfinderisch und sehr intuitiv, von einer Kreativität, die zu Fortschritten in wissenschaftlichem und technologischem Wissen führen kann. Doch sie sind nicht materialistisch; in ihnen ist etwas Mystisches, so daß sie vom Okkulten und Magischen angezogen werden.

Ihre eigene Unduldamkeit gegenüber der Behutsamkeit des Establishments und der Lethargie der Regierungen gibt ihnen ein Zusammengehörigkeitsgefühl mit den Enteigneten und Unterdrückten. Bei Katastrophen wie Überschwemmungen, Hungersnöten, Hurrikane, Tornados werden Uranusgeborene unter den ersten sein, die ihre Hilfe anbieten.

Die negativen Seiten der Uranusmenschen sind wiederum ihre guten im Übermaß. Ihre ausgeprägte Freiheitsliebe kann zu heftiger Exzentrik führen, zu äußerster Unverantwortlichkeit im familären und gesellschaftlichen Leben und zu einem pervertierten Fanatismus.

Astrologen weisen darauf hin, daß sich erst seit der Entdeckung des Uranus 1781 die großen Revolutionen und Kriege ereigneten, die die Welt verändert haben - der amerikanische Unabhängigkeitskrieg, die französische und die russische Revolution, die Befreiung der hispanoamerikanischen Staaten sowie die industrielle, landwirtschaftliche und technische Revolution. Diese Tatsachen, sagen sie, bestätigen die Theorie, daß der Uranus eher generelle Bewegungen als Individuen beeinflußt. Unklar bleibt aber, wieso sein Einfluß sich erst seit seiner Entdeckung verstärkt ausgewirkt haben soll.

Physiologisch ist Uranus das Nervensystem zugeordnet worden, und Krankheiten gleichen plötzlichen Revolutionen - Nervenzusammenbrüche, Krämpfe, Hysterie, Labilität während der Pubertät, starkes Herzklopfen, Paralyse, Spasmen und Schlaganfälle.

Der Planet wurde von dem Astronomen Sir William Herschel entdeckt, ein Deutscher, der in England tätig war. Er entdeckte diesen Planeten im Jahr 1781, und anfangs wurde der Stern auch nach ihm benannt. Daher ist sein Zeichen dessen Initial H über dem Kreis des göttlichen Geistes und der Ganzheit. Uranus wird mit Wassermann und dem elften Haus assoziiert, doch kann er, ebenso wie die spät entdeckten Neptun und Pluto (sowie jeder neue Planet) keinen ihm zugeordneten Tag haben.

UNTEN Neptun, 1781 von Sir William Herschel (1738-1822) entdeckt, fotografiert von der Raumsonde Voyager.

NEPTUN

Neptun benötigt fast fünfzehn Jahre für die Durchquerung eines einzigen Tierkreiszeichens und beeinflußt Individuen daher sehr wenig. Dennoch soll er auf einige ungewöhnliche Charaktere und Aktivitäten wirken. Mesmerismus, Hypnose, Trance und mediale Veranlagung gibt es unter seinem Einfluß sowie, alltäglicher, eine Liebe zur See. Musiker, Künstler und Schriftsteller gehören zu seinen Untertanen, ebenfalls idealistische Humanisten und Mystiker.

Ihre Natur setzt sie vielen Gefahren aus. Ihre extreme Sensibilität und mentale Empfänglichkeit macht sie nicht nur unpraktisch, geistesabwesend und chaotisch im Alltagsleben, sondern auch außergewöhnlich anfällig für Leiden. Die Probleme anderer und die Schrecken der Ereignisse der Gegenwart, treiben die Kinder des Neptun in den Eskapismus der Phantasien und Tagträume oder in die dem Wahnsinn verwandte Halluzination.

In Extremfällen flüchten sie sich zu Drogen, Alkohol und Sedativa oder lassen ihren Neurosen in sexuellen Orgien und Perversionen freien Lauf. Das kann zur Desintegration der Persönlichkeit und Verzweiflung führen, die in Selbstmord mündet. Ihre Lieblingswaffen bei der Selbstzerstörung sind Überdosen ihrer üblichen Sedativa.

Astrologen weisen darauf hin, daß Neptun erst ein paar Jahre nach Gründung der modernen spiritualistischen Bewegung entdeckt wurde, die gewöhnlich ab der Manifestation psychischer Phänomene im Heim der Familie Fox in Hydesville, New York, 1848, datiert wird. Seither hat das Interesse an der Erforschung okkulter Phänomene erheblich zugenommen (die Gesellschaft für Psychische Forschung wurde 1882 gegründet).

Es gibt seither mehrere weltweite Bewegungen wie die Pfingstbewegung, als dritte Kraft im Christentum nach Katholizismus und Protestantismus bezeichnet, die charismatische Bewegung und der Ökumenismus - nicht nur innerhalb der Christenheit im Weltkirchenrat, sondern auch zwischen den anderen großen Religionen der Erde. Hier muß man sich die Frage stellen, ob die Entdeckung des Neptun (ähnlich wie beim Uranus) nicht doch Folgen gehabt hat, obwohl der Planet ja schon vor seiner Entdeckung gewirkt haben dürfte.

Vor Entdeckung des Neptun wurde die Herrschaft über die Meere allgemein dem Mond zugeordnet, dann aber auf den neuen Planeten übertragen - fälschlicherweise, da der Einfluß des Mondes auf die Ozeane

LINKS Eine kraftvolle Darstellung des Neptun. Sein Wagen wird von fischschwänzigen weißen Rossen gezogen, und auf ihn lächelt Juno, von ihrem Pfau begleitet, herab.

tatsächlich äußerst offensichtlich ist. Inzwischen hat man diesen Irrglauben (jedenfalls in der Wissenschaft) weitestgehend revidiert.

Physiologisch regiert Neptun den Thalamus, jenen Teil des Gehirns, der die Gehör- und Sehnerven kontrolliert sowie den Rhythmus des Wachstums unseres Körpers. Zu den schwerwiegenden negativen Auswirkungen des Planeten gehören Hysterie, Irrsinn, heftige mentale und emotionale Störungen, starke Neurosen und Obsessionen.

Neptun wird durch einen Dreizack (dem Zeichen des Meergottes) charakterisiert, dargestellt durch einen Halbkreis (der menschliche Geist), der über das Kreuz der Materie hinausragt. Sein Sternzeichen sind die Fische, und er ist mit der zwölften Stunde verbunden.

PLUTO

Pluto bewegt sich mit seiner Umlaufzeit von 248 Jahren viel zu langsam, um mit einzelnen Sternzeichen in Verbindung zu stehen, und muß im Kontext des gesamten Horoskops gesehen werden. Pluto war im Altertum der Gott des Todes und der Unterwelt, und der nach ihm benannte Planet sybolisiert den Tod und die Zerstörung und repräsentiert die dunkle Seite der Menschheit.

Astrologen behaupten, das fast genaue Zusammenfallen seiner Entdeckung 1930 mit dem Aufstieg der Nazis (sein Einfluß ist auch in Hitlers Horoskop stark) war kein Zufall. Sie weisen auch darauf hin, daß die dreißiger Jahre den Höhepunkt des organisierten Verbrechens in den USA erlebten, und daß zur gleichen

Zeit das internationale Verbrechertum in Gestalt von Hitler, Mussolini, Stalin und Hirohito blühte.

Damals traten auch internationale Unternehmen hervor - weltweite Wirtschaftskartelle, die Politik der Supermächte sowie grenzüberschreitende Bewegungen und Aktionsgruppen wie die Dritte Internationale, die faschistische Philosophie und die Mafia.

Die Verwirklichung ihrer Macht durch die Massen, Massendemonstrationen und manchmal Massenhysterie, wie bei den Nürnberger Aufmärschen, das alles macht Pluto zu einem potentiell zu fürchtenden Planeten. Sein Einfluß dauert heute im weltweiten Drogenhandel mit seinen Organisationen, im internationalen Terrorismus, in Großdemonstrationen und den Wellen sinnloser Gewalt an.

Andere aktuelle Symptome des Einflusses von Pluto sollen die Atomkraft mit ihrer Bedrohung sein; die Gefahr ökonomischer Depression, da die Industrieländer mit Zahlungsbilanzdefiziten kämpfen und die Dritte Welt mit nicht bezahlbaren Schulden belastet ist; Minderheiten terrorisieren Mehrheiten und verursachen dabei Zerstörungen und Bürgerkriege, ausgelöst von einander bekämpfenden Ideologien.

OBEN Lenin (1870-1924) und Stalin (1879-1953), die Väter der russischen Revolution, die 1917 die Herrschaft der Zaren durch die Union der Sozialistischen Sowjetrepubliken ersetzte.

UNTEN Benito Mussolini (1883-1945), Gründer der italienischen Faschisten-Bewegung.

UNTEN Organisierte Massendemonstrationen wie die der Nazipartei in Nürnberg kennzeichneten die damalige Situation.

OBEN Pluto sitzt majestätisch auf seinem Thron, neben sich Zerberus, den dreiköpfigen Wächter der Unterwelt.

Seine Macht zum Guten oder Bösen kann enorm sein. Die exzentrische Umlaufbahn des Planeten ist symbolisch für die Tiefen oder Höhen, in welche die Menschheit sinken oder emporsteigen kann. Doch selbst im schlimmsten Falle ist Pluto nicht ohne Hoffnung. Er zerstört, um neu aufzubauen, und eliminiert, um den Boden für die Erneuerung zu reinigen.

Aus Plutos Reich kommt Proserpina, die Göttin des Frühlings, der Hoffnung und des neuen Lebens. Im Individuum repräsentiert Pluto die Grenzen des bewußten Geistes und befaßt sich mit der Unterwelt in der Tiefe unserer Seele. Er ist der Planet des Parapsychologischen, manchmal der durch Dissoziation verursachten Neurosen oder der Widersprüche, die zu Rebellion gegen die Ganzheit des Charakters führen.

In weltlichen Dingen ist der Plutomensch Individualist, vor allem am Erreichen seiner Ziele interessiert. Wenn er Heim und Familie hat, wird er ihnen eisern treu sein, doch meistens nur, weil er eine feste Grundlage braucht, von der aus er seine Karriere starten kann.

Plutos physiologische Domäne sind die Erneuerung der Zellen, die reproduktiven Funktionen im weitesten Sinne und die kreativen und regenerativen Prozesse. Sein Symbol, ein großes P in Verbindung mit einem großen L, repräsentiert die Initialien von Percival Lowell, der die Position von Pluto berechnete, bevor er tatsächlich beobachtet wurde. Für Esoteriker kann es auch den Kreis des menschlichen Geistes bedeuten, verbunden mit der Ebene des Unterbewußten, dem universellen Unterbewußtsein.

ALLGEMEINE BEMERKUNGEN

Der Einfluß der Planeten auf den Menschen wurde ausgiebig beschrieben. Vielleicht ein wenig zu detailreich, denn so mancher wird mit den Beschreibungen nicht unbedingt einverstanden sein. Nun bedeutet es ja nicht, daß bei einem unter dem Einfluß eines bestimmten Planeten Geborenen alle diese Eigenschaften zutreffen müssen - es spielen noch weit mehr Faktoren eine Rolle, die zur Charakterbildung eines Menschen beitragen.

Bisher wurden die Tierkreiszeichen, die Planeten und die Häuser eingehend behandelt, doch der Weg zu einem aussagekräftigen Horoskop ist noch weit. Die folgenden Kapitel sollen dazu beitragen, alle Bedingungen kennenzulernen, die für ein wirklich zutreffendes Horoskop vonnöten sind.

UNTEN Pluto entführt Persepone; in apulischem Stil, ca. 380-370 v.Chr., vom Maler der Illiupersis.

CHARAKTERISTIKA DER HÄUSER

ERSTES HAUS

Dieses Haus befaßt sich mit dem Anfang und daher mit dem Eindruck, den die Person bei dem hinterläßt, der ihr zum ersten Mal begegnet. Es steht mit ihrer Kindheit, der Entwicklung der Persönlichkeit, dem Charakter und der Individualität, ihren Interessen, und den Neigungen zu bestimmten Krankheiten sowie der Länge ihres Lebens in Verbindung.

Das Zeichen des ersten Hauses ist Widder, der Planet ist Mars.

UNTEN Das erste Haus: Das erste Alter des Menschen, "das Kleinkind, wimmernd und speiend in der Amme Arm".

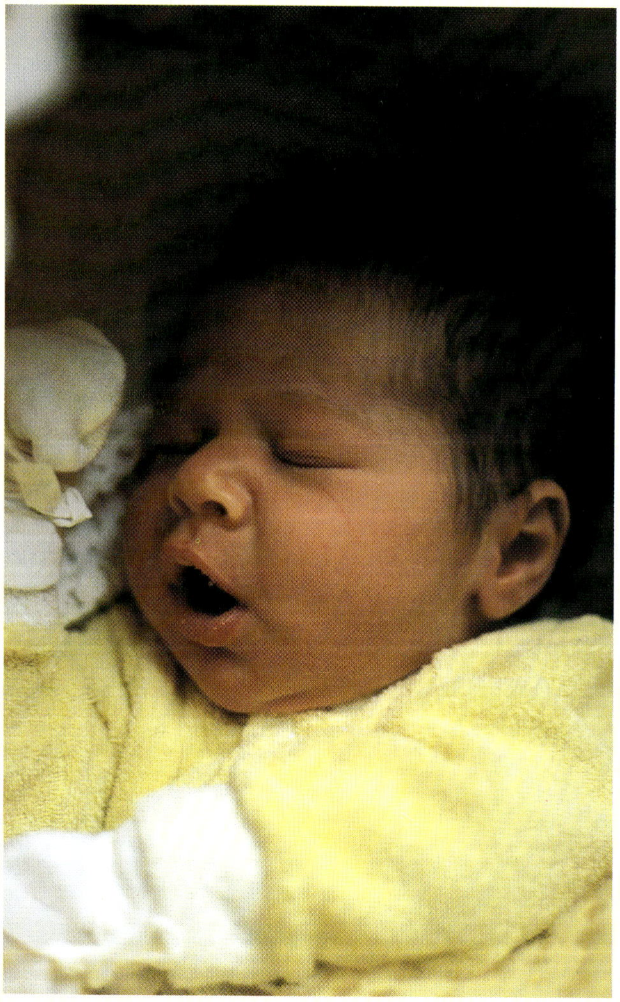

OBEN Das dritte Haus: Kommunikation und Selbstprojektion.

OBEN Das zweite Haus: Besitz. Viele Menschen träumen davon, reich genug zu sein, um kaufen zu können, was sie begehren.

ZWEITES HAUS

Dieses Haus beinhaltet Reichtum (oder Mangel), Einkommen, Besitz, alles, was die Person sorgenfrei, zufrieden und sicher macht. Es hat mit den Fähigkeiten, den Talenten und der persönlichen Einmaligkeit des Betreffenden zu tun. Sein Zeichen ist Stier und der Planet ist Venus.

DRITTES HAUS

Hier geht es um die Fähigkeit, zu kommunizieren und mit anderen im Gespräch und schriftlich Kontakt aufzunehmen. Die Beziehungen einer Person zu ihrer unmittelbaren Umgebung, hängt von ihrer Fähigkeit ab, sich anderen zu präsentieren. Es Zwillinge als Zeichen und Merkur als Planet.

LINKS Das vierte Haus beeinflußt die tatsächlichen Wohnsitze der Person und, im weiteren Sinne, die Basis, von der aus sie ihr Leben entfaltet.

VIERTES HAUS

Dieses Haus symbolisiert das Heim, sowohl den Geburtsort und den Wohnsitz als auch das Heimatland. Grundstücke, Gebäude, eigener und gemieteter Besitz, die Ziegel und der Mörtel der Häuser, in denen die Person gewohnt hat, also die Basis, von der aus sie ihr Leben entfaltet, gehören zum Bereich dieses Hauses. Es hat beinhaltet auch die letzte Lebensjahre des Betreffenden. Das Zeichen ist Krebs und der Planet ist der Mond.

FÜNFTES HAUS

In die Zuständigkeit dieses Hauses fallen Vergnügungen, Hobbies und Freizeitgestaltung, nicht nur Unterhaltung, Sport und Spaß, sondern ebenso die Erholung im Sinne von praktischer und künstlerischer Aktivität. Es ordnet die persönlichen Eigenschaften und Vorlieben der Person und regiert sein Sexualleben sowie seine Ideen. Löwe und Sonne sind das Zeichen und der Planet dieses Hauses.

SECHSTES HAUS

Gegenstände dieses Hauses sind die Kontrolle über die allgemeine Gesundheit, die physischen Zustände, die Arbeitsfähigkeit und alle Faktoren, die die Person befähigen, ihre Rolle in der Gesellschaft zu erfüllen. Sein Zeichen ist Jungfrau, der Planet Merkur.

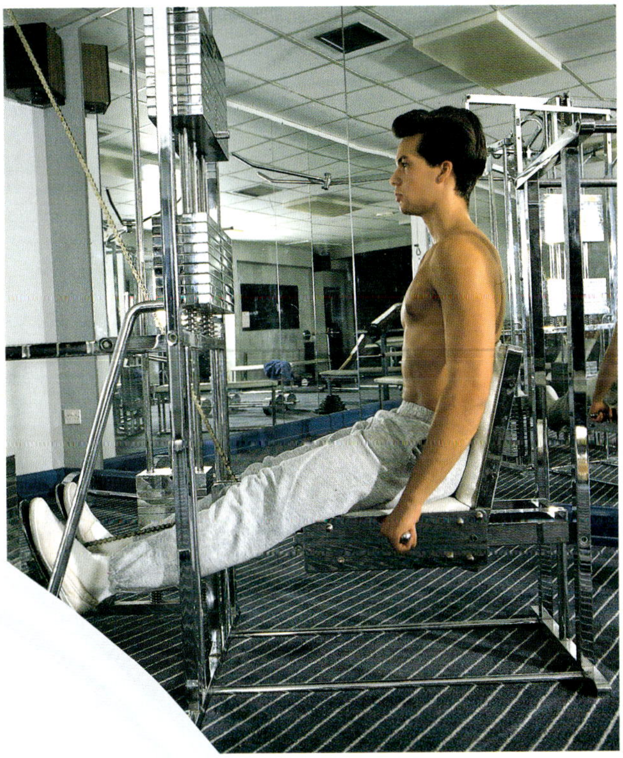

OBEN Das sechste Haus. Es bedeutet physisches Wohlbefinden, Fitness fürs Leben.

SIEBENTES HAUS

Dieses Haus hat hauptsächlich mit engen Beziehungen der Person zu anderen Menschen zu tun, besonders in der Ehe; hier können auch Hinweise auf den Typ des Ehepartners gegeben werden, der am besten zu ihrer Persönlichkeit paßt. Berufliche Beziehungen, Geschäftspartnerschaften und auch feindselige Konfrontationen werden von diesem Haus regiert, dessen Zeichen Waage und dessen Planet Merkur ist.

ACHTES HAUS

Hier finden wir positive und negative Einflüsse. Zu den ersteren gehören Hilfe anderer Menschen und spirituelle Interessen der Person. Letztere umfassen Verlust und Tod und können auf die Art des Todes der Person selbst hinweisen. Tod muß aber nicht unbedingt physisches Ableben bedeuten, sondern kann eine radikale Umkehr sein. Dinge, die mit Testamenten zu tun haben und mit Selbstaufopferung, sind der Herrschaftsbereich dieses Hauses. Sein Zeichen ist Skorpion, sein Planet Mars.

OBEN Das siebente Haus: Beziehungen vielfältiger Art sind der Stoff, aus dem das Leben ist. Kinder lernen soziales Leben in der Familie und wachsen auf, um Verbindungen außerhalb der Familie zu knüpfen.

OBEN Das achte Haus: Das Kreuz, christliches Symbol des Todes. In dieser Tradition verspricht es auch Erlösung. Viele Astrologen glauben an den Einfluß des entferntesten Planeten nach dem Tode.

NEUNTES HAUS

Das neunte Haus befaßt sich mit Reisen - sowohl lange Reisen in fremde Länder als auch mentale und spirituelle Ausflüge in Forschung, Philosophie und Religion. Höhere Bildung, die Entwicklung von Ideen, der Glauben der Person gehören dazu, ebenso Beziehungen zu Menschen, die mit der betreffenden Person nicht verwandt sind. Das Zeichen des Hauses ist Schütze, der Planet ist Jupiter.

ZEHNTES HAUS

Dieses Haus bestimmt die Aktivitäten außerhalb des Heims, die Stellung in der Gesellschaft, gute oder schlechte Karriere sowie soziale Aktivitäten. Steinbock und Saturn sind Zeichen und Planet dieses Hauses.

ELFTES HAUS

Hier sind Freunde und Gruppenbeziehungen sowie kreative Betätigungen in Gesellschaften, Vereinen und Organisationen betroffen. Streben nach Veränderung und Reform, manchmal unkonventionell, sind ebenfalls der Bereich dieses Hauses, dessen Zeichen Wassermann und dessen Planet entweder Saturn oder Uranus ist.

ZWÖLFTES HAUS

Dieses Haus ist der Sitz des negativen Einflusses. Hier sind alle Hindernisse zur Erfüllung im Leben, Klassen- oder Bildungsschranken, alle Einschränkungen wie z. B. Haft und selbstverleugnende Tätigkeiten, Rückzug aus der Realität und Flucht in Drogen oder Alkohol zuhause. Situationen, die das Individuum vom normalen Leben ausschließen, wie Mitgliedschaft in Geheimbünden und terroristischen Vereinigungen oder Beteiligung an Verschwörungen - dieses alles sind die Bereiche des zwölften Hauses. Sein Zeichen ist Fische, sein Planet Jupiter oder Neptun.

Das erste, vierte, siebente und zehnte Haus sind als "erste" Häuser bekannt, das zweite, fünfte, achte und elfte als "sukzendente" und das dritte, sechste, neunte und zwölfte als "kadente".

OBEN Das zehnte Haus steht für persönlichen Ehrgeiz. Der Politiker ist in voller Aktion.

UNTEN LINKS Das neunte Haus: Persönlichkeiten beim öffentlichen Gebet - die organisatorische Seite ihres Glaubens.

UNTEN Das zwölfte Haus: Nichtintegration und Ausschluß.

KAPITEL VIER

INTERPRETATION

Nachdem der Interpret eines Horoskops das Vokabular, die Grammatik und die Symbolik beherrscht, muß er ein System finden, bei dem er kein wichtiges Merkmal des Diagramms ausläßt. Es gibt viele astrologische "Kochbücher", in denen die Eigenschaften einer Person vereinfacht mit Sonne in Fische, Mond in Wassermann und Jupiter im fünften Haus zusammengefaßt werden. Diese können zwar eine allgemeine Anleitung bieten, doch der wirklich fähige Astrologe entwickelt das Verständnis, das ihn befähigt, intuitiv und instinktiv jedes Horoskop zu verstehen, das er zeichnet. Der Vorgang ähnelt dem des Erlernens einer Kunst. Ein Musiker lernt Theorie und Komposition ebenso wie die praktischen Techniken für das Spielen seines Instruments; ein Schriftsteller begreift Vokabular und Grammatik und entwickelt seinen Stil; ein Maler beherrscht Komposition, Perspektive, Entwurf und die Handhabung seines Pinsels. Die meisten von ihnen werden durch Praxis, Anwendung und Ausdauer gute Gebrauchskünstler, einige wenige werden Genies.

Es gibt viele Methoden der Deutung, und jeder Lernende muß seine eigene entwickeln. Die folgende Technik ist nur eine Anleitung. Welche Methode der Lernende auch immer entwickelt, er muß sichergehen, daß er jeden für eine komplette Auslegung erforderlichen Punkt aufgenommen hat. Der Interpret sollte nicht überrascht sein, daß es viele offensichtliche Widersprüche und Inkonsistenzen gibt. Er untersucht vorgeblich den Charakter eines Menschen, der mit einer Men-

OBEN "Ein Astrologe" von Cornelius Bega (1631-1664). Bilder wie dieses haben die okkulte Aura der Astrologie aufgebaut.

OBEN Die Tage der Woche, dargestellt in der Reihenfolge der angenommenen Entfernungen der Planeten von der Erde: Saturn am fernsten, Mond ("luna") am nächsten.

ge an Möglichkeiten geboren wurde, von denen die Umstände nur wenigen erlauben werden, sich voll zu entwickeln. Mit Neigungen, die sozialer Druck kontrollieren wird, und Verlangen, die die Person oft in verschiedene Richtungen ziehen werden.

Hat er die verschiedenen Elemente des Charakters festgestellt, ist der zweite Schritt des Interpreten, ihre relativen Stärken auszuarbeiten. Der Betreffende kann dann lernen, seine Persönlichkeit zu integrieren, indem er seine positiven Eigenschaften hegt und seine Schwächen und inneren Widersprüche diszipliniert.

Der dritte Schritt ist, eine komplette Interpretation einschließlich aller Informationen zu schreiben, die aus den vielen im Diagramm enthaltenen Elementen entnommen wurden. Es muß noch einmal betont werden, daß ein Astrologe kein Prophet ist. Seine Aufgabe ist nicht, wahrzusagen oder die Zukunft vorauszusagen. Bei der Interpretation der Trends in der Zukunft des Betreffenden ist er einem Meteorologen nicht unähnlich, der aus dem Verhalten der Atmosphäre ungefähr vorhersagen kann, daß das Wetter in einem bestimmten Gebiet schön oder stürmisch wird.

Die folgende Methode ist eine unter vielen. Der Lernende kann auflisten: 1. Allgemeine Merkmale aus (a) den Mondknoten; (b) den positiven und negativen Eigenschaften der Planeten (Neptun, Uranus und Pluto können ausgenommen werden), dem Aszendenten und dem MC, in denen sie plaziert sind; (c) den Triplizitäten (manchmal Trigone genannt); (d) den Quadruplizitäten; (e) den Hauptaspektmustern.

2. Das Aszendentenzeichen.

3. Den Aszendentenherrscher in seinem Zeichen und Haus.

4. Die Sonne in ihrem Zeichen und Haus. (Wenn Löwe im Aszendenten ist, ist dieses dasselbe wie 3.)

5. Den Mond in seinem Zeichen und Haus. (Wenn Krebs im Aszendenten ist, ist dieses dasselbe wie 3.)

6. Winkelplaneten, d.h. die innerhalb eines 8°-Einflußgebietes der Konjunktion mit Aszendent, MC, Deszendent und IC.

7. Die einzelnen Planeten.

8. Die Aspekte - der Planeten zueinander und zum Aszendenten und MC.

Folgen wir diesen Schritten in unserem Musterhoroskop, so erhalten wir:

1. (a) Die Mondknoten sind im elften und fünften Haus.
(b) Vier der Planeten sind in positiven Zeichen, drei in negativen. Der Aszendent ist in einem positiven Zeichen, das MC in einem negativen.
(c) Zwei Planeten sind in Feuerzeichen, eines in Erde, zwei in Luft und zwei in Wasser.
(d) Von den Quadruplizitäten nehmen drei Planeten Hauptzeichen ein, einer ein festes und drei ein veränderliches (gewöhnliches) Zeichen.

OBEN Auch heute wird in fremden Ländern das Stellen von Horoskopen stark gepflegt. Hier ein indischer Mystiker und Seelendeuter im modernen Singapur.

(e) Aspektmuster. Sonne, Merkur und Uranus sind alle in Konjunktion, ebenso Venus und Pluto; Jupiter und Neptun sind in Opposition und beide bilden T-Quadrate mit Sonne und Merkur; Mars ist rechtwinklig zu Saturn und Jupiter rechtwinklig zu Uranus; der Mond ist im Triagonalaspekt mit Neptun; die stärksten Muster.

Mäßig sind die Sextilaspekte des Mondes mit Jupiter und Pluto, und schwach sind der Semiquadrataspekt von Sonne und Mars, die semitextilen von Merkur und Pluto sowie Sonne und Mars und der sesquiquadratische von Jupiter und Pluto. Die Beziehungen der Planeten zum Aszendenten und MC umfassen vier Oppositionen, ein Sextil, zwei Quadrate, eine Konjunktion und einen Triagonal- und einen semisextilen Aspekt.

2. Das Aszendentenzeichen ist Widder.

3. Der Aszendentenherrscher ist Mars, der in Zwillinge und dem dritten Haus ist.

4. Die Sonne ist in Krebs und dem dritten Haus.

5. Der Mond ist in Zwillinge und dem zweiten Haus.

6. Die Winkelplaneten sind Jupiter in Widder und dem zwölften Haus, Neptun in Waage und dem siebenten Haus, die Sonne und Uranus in Krebs und dem dritten Haus und Merkur ebenfalls in Krebs, aber im vierten Haus.

7. Bereits erwähnt sind Mars (3. oben), die Sonne (4.), der Mond, Jupiter, Neptun, Uranus und Merkur. Es bleiben Venus, Saturn und Pluto. Venus und Pluto sind beide in Löwe im fünften Haus, Saturn ist in Jungfrau im sechsten Haus.

8. Die Aspektmuster wurden unter 1.(e) aufgelistet.

Das folgende ist eine allgemeine Interpretation der Daten der Frau aus Harrow (s. S. 26). Andere Forscher würden andere Akzente finden und sogar andere grundlegende Bedeutungen, und der Leser möchte vielleicht seine eigene Analyse durchführen.

ANALYSE

1 (a) Der Nordknoten des Mondes im elften Haus zeigt eine unerwartete und unverdiente günstige Gelegenheit aus dem Bekanntenkreis an sowie möglicherweise aus den kreativen Tätigkeiten der Geborenen. Oder auch einen gewissen Wechsel des Berufes oder der Richtung im späteren Leben.

Der Südknoten im fünften Haus könnte Enttäuschung bei den kreativen Ambitionen der Person andeuten. Da die Spekulation einer der Belange dieses Hauses ist, besteht die Warnung, daß die Person vorsichtig mit Investitionen sein sollte.

(b) Mond, Venus, Mars und Jupiter sind in positiven Zeichen, Sonne, Merkur und Saturn in negativen. Dieses Muster zeigt einen Charakter an, der eher seine Instinkte und Intuitionen als seinen Intellekt und Verstand bei der Reaktion auf die Anforderungen des Lebens benutzt. Sie hat eine liebevolle und freundliche Natur, eine optimistische Einstellung zum Leben, starke Emotionen und keinen Mangel an Selbstbewußtsein. Auf der negativen Seite besteht die Gefahr von Taktlosigkeit, möglicher Intoleranz und Mißtrauen gegen sich selbst hinter dem Anschein der Zuversicht.

(c) Die gleichmäßige Verteilung der Zeichen repräsentiert einen ausgeglichenen Charakter: Genug "Erde", um die Füße auf dem Boden zu behalten, und genug von den anderen Zeichen für eine gleichmäßige Entwicklung von Emotionen, geistiger Aktivität, Intuition und Energie.

(d) Auch hier wieder Ausgeglichenheit: Führungsqualitäten, Stetigkeit und Selbstbewußtsein werden

UNTEN Ein Diagramm, das die Einflüsse der Sternzeichen auf den menschlichen Körper zeigt. Aus Athanasius Kirchers "Ars Magna Lucis et Umbrae", Amsterdam, 1671.

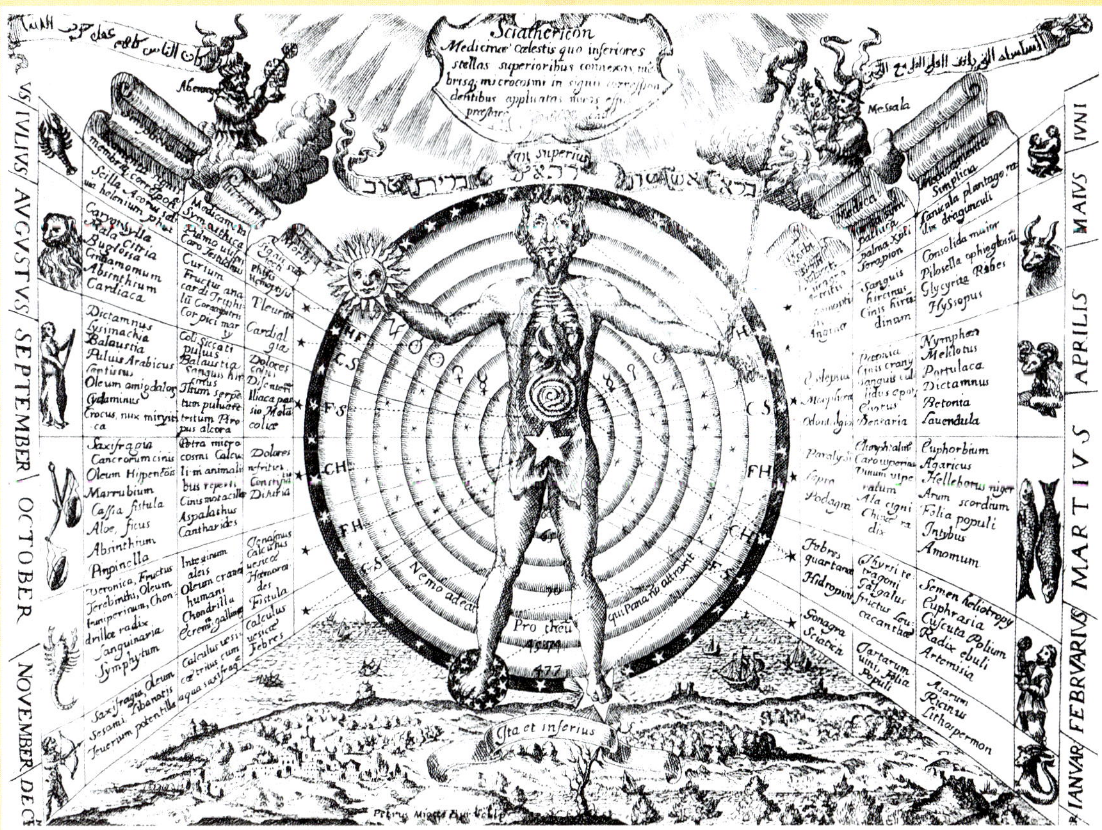

durch einen gewissen Selbstzweifel und die Neigung zum Richtungswechsel im Leben abgeschwächt. Die Person verfügt über genug gesunden Menschenverstand, bei solchen Veränderungen vorsichtig zu sein und sich nicht durch Phantasien oder Unzufriedenheit dazu hinreißen zu lassen.

(e) Die Interpretation der Aspekte folgt weiter unten.

2. Der Interpret sollte während der Arbeit nochmals die Wesenszüge nachlesen, die jedem Zeichen und Planeten in den Kapiteln Zwei und Drei zugeordnet werden, um dadurch "Gefühl" für die Elemente zu entwickeln, aus denen sich der Charakter zusammensetzt, den er untersucht. Das Azendentenzeichnen, nämlich Widder, deutet aus sich selbst auf Impulsivität, Enthusiasmus und Aggressivität als dominante Faktoren im Charakter der Person hin.

3. Der Aszendentenherrscher in Zeichen und Haus ist Mars in Zwillinge und dem dritten Haus, was so zusammengefaßt werden kann, daß es um Intelligenz, Kommunikation und enge Beziehungen geht. Die Kraft des Mars und die Unrast von Zwillinge können Ungeduld und Intoleranz der Person zur Folge haben, was seinen Ausdruck in einer Schroffheit der Sprache findet, die verletzen und Zerrüttungen im Familienleben verursachen kann.

4. Die Sonne in Krebs bedeutet gutes Gedächtnis, ein scharfes Gehör und ein Talent für Nachahmung. Diese Talente in Verbindung mit Merkmalen des dritten Hauses, darunter die Kommunikation mit anderen, könnten eine Karriere auf der Bühne, als Sprecherin in der Öffentlichkeit oder im Schreiben bedeuten. Die Person kann durchaus die Gabe haben, mit ihren Verwandten und engen Freunde zum eigenen Gewinn zu korrespondieren.

5. Der Mond in Zwillinge zeigt sich nervös und ruhelos, was zu Geschwätzigkeit führen kann, entweder weil die Person all ihre Ansichten kundtun muß, oder weil sie

RECHTS Anfertigung eines Horoskops. Eine Illustration von der Titelseite des Kapitels über das Stellen von Horoskopen aus Robert Fludds "Utriusque cosmi historia", 1617-1619.

helfen will, unglückliche Beziehungen von Menschen ihres Kreises zu kitten. Das zweite Haus betrifft Reichtum, Besitz und Finanzen, und die Person sollte darauf achten, möglicherweise korrupten Finanzberatern kein Vertrauen zu schenken. Planeten, die winklig sind, d.h. innerhalb eines Einflußbereiches des Aszendenten, des MC, des Deszendenten und des IC von 8°, haben einen stärkeren Einfluß auf das Horoskop als einige andere, und sie sollten daher besonders beachtet werden.

Hier ist Jupiter in Widder und dem zwölften Haus. Jupiter, der Planet des Optimismus und der Aufgeschlossenheit, mäßigt die Energie und Agressivität von Widder und fördert einen Charakter, der mit Klugheit und ausgewogenem Urteil führend sein kann. Die negative Seite der Jupiter-Widder-Kombination ist die Versuchung, sich nur mit sich selbst zu beschäftigen, der eigenen Sicht der Dinge zu sehr zu vertrauen und sie unduldsam gegen die Einsichten anderer durchzusetzen. Jupiter ist einer der Planeten, die das zwölfte Haus regieren, das negativste aller Häuser, und seine "Winkelkraft" könnte die Schwierigkeiten vergrößern.

Das siebente Haus ist das der engen Beziehungen, besonders der Ehe, und Neptun und Waage zeigen eine Veränderung in der Haltung der Person an, was für sie im Leben von Bedeutung ist, und eine Entwicklung des Empfindens für soziale Verantwortung. Waage ist der Herrscher des siebenten Hauses und verstärkt dessen Tendenzen. Das Zeichen ist eines der Reife und deutet an, daß dieVeränderung im besten Alter erfolgt.

Der Einfluß der Sonne in Krebs (s. S. 4 oben) wird durch ihre Winkelposition verstärkt.

Uranus im Krebs symbolisiert den Bruch mit dem Zuhause und somit die Neigung der Person, individuell ein eigenes Heim zu planen. Uranus hat mit dem Okkulten und Spirituellen zu tun und das dritte Haus mit der Fähigkeit, mit anderen zu kommunizieren.

Merkur in Krebs verstärkt die Entwicklung des obenerwähnten guten Gedächtnisses, aber auch eine Tendenz der Person, von Gefühlen beherrscht zu werden. Krebs ist das Zeichen des vierten Hauses, und seine Gegenwart hier zeigt die starke Liebe der Person zu ihrem Heim.

7. Venus in Löwe im fünften Haus betont das starke soziale Empfinden der Person. Die Kombination von Planet, Zeichen und Haus weist hier auf eine feurige und treue Geliebte und eine liebende Mutter hin, jedoch mit einem Hang zum Besitzergreifen und zur Eifersucht. .

8. Die einzelnen Aspekte:

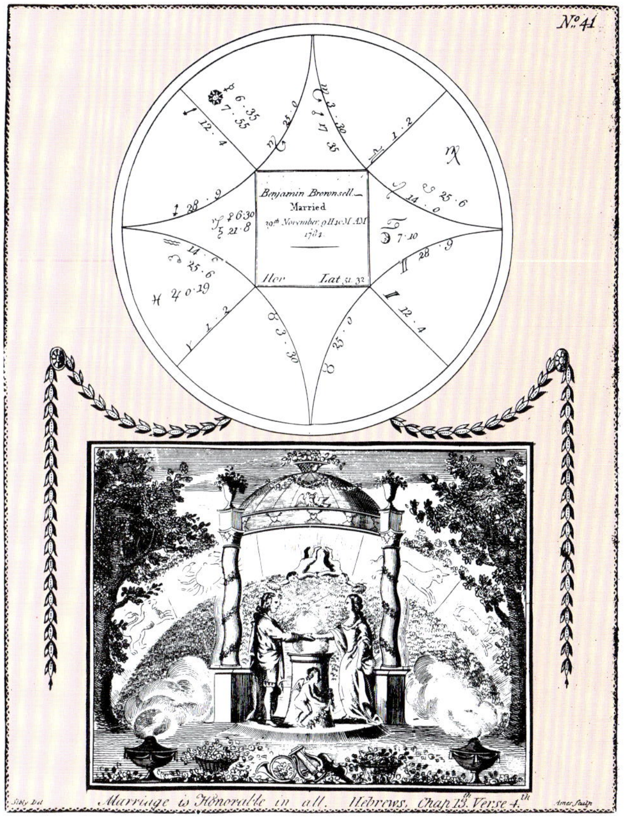

OBEN Horoskop für eine Heirat im Jahre 1732 eines alten, reichen Beamten mit einer jungen, armen Braut, von der E. Sibley, ein Astrologe prophezeite, sie würde scheitern. Die Braut verschwand nach einer Nacht.

(1) ⊙☌☿ (guter Einfluß - Benasp). Diese Kombination ist eine der Kraft, der Vitalität und des aufgeweckten Intellekts.

(2) ⊙♇♀ (schlechter Einfluß - Malasp). Ein Aspekt geringerer Bedeutung, der eine emotionale Schwäche beinhaltet, deren Ergebnis gewisse unbefriedigende persönliche Beziehungen sein können.

(3) ⊙□♃ und ⊙□♆ (Malasp). Die T-Quadrate dieser drei Planeten verstärken die Gefahr der Intoleranz, die in anderen Teilen dieses Horoskops erscheint. Dieses ist eine Eigenschaft, die nicht so sehr auf die Überzeugung von der Richtigkeit der Meinungen der Person zurückzuführen ist, als vielmehr auf Frustation und die Verwundbarkeit durch die Leiden der Welt. Sollte ihr eigenes Leben unglücklich sein, könnte sie gegenüber diesem Elend krankhaft empfindlich werden und wütend über das Scheitern der Bemühungen, die Probleme der Menschheit zu lösen. Auch bei einem soliden Hintergrund wird die Intoleranz, die sich aus diesem

Idealismus ergibt, nie weit unter der Oberfläche lauern.
(4) ☉♅ (Benasp). Die ausgeprägt positiven Eigenschaften der Sonne werden durch den Einfluß von Uranus auf unkonventionelle Gleise gelenkt. Unzufriedenheit mit dem Status quo, auch wenn das durch andere Elemente des Horoskops ausgeglichen wird, ist unter der Oberfläche immer vorhanden.
(5) ☉ MC (Malasp). Da das MC symbolisch für den Höhepunkt oder Gipfel des individuellen Lebens steht und die mächtige Sonne in Opposition ist, deutet diese Beziehung auf beträchtliche Mühen für die Person beim Erreichen ihrer Ziele hin.
(6) ☽⚹♃ (Benasp). Die Liebe der Person zu ihrer Familie, die Kultivierung der spirituellen Seite ihrer Natur, die Unterdrückung der Fehler, deren sie sich bewußt ist, und die Bemühungen, spirituelle Reife zu erlangen, werden ausreichen, die Schwächen und Mängel anderer Aspekte zu überwinden
(7) ☽△♆ (Benasp). Diese Beziehung enthüllt einen mystischen, intuitiven Zug des Charakters, der ein gutes Gegenmittel zu seiner äußeren Munterkeit, Selbstsicherheit und Autorität ist.
(8) ☽⚹♇ (Benasp). Die Person hat die Fähigkeit, auf Gegebenheiten zu reagieren, Fehler auszumerzen und Veränderungen zu akzeptieren. Das bedeutet, daß sie sich selbst gegen die Ungeduld und Intoleranz, die gerade zu ihrem Idealismus gehören, disziplinieren kann. Wahrscheinlich ist, daß ihre Instinkte ihr Unterbewußtsein wissen lassen werden, wann sie unrecht hat.
(9) ☽⚹ Aszendent (Benasp). Frühe Ideale werden mit den Lebensjahren reifen und nicht untergehen. Ihnen treu zu bleiben, wird helfen das Dunkel zu erhellen, wenn sich die in (3) und (5) angedrohten Schwierigkeiten zeigen.
(10) ☽⚻ (Benasp). Dieses ist eine Verstärkung von (9). Wenn die Dinge am finstersten sind, wird es einige Freude zum Ausgleich geben.
(11) ☿□♃ und ☿□♆ (Malasp). Dieses ist ein weiteres Muster von T-Quadraten und repräsentiert eine düstere Seite des Charakters, die an die Oberfläche kommen könnte. Die Stärke und der Idealismus des Intellekts könnte der Oberflächlichkeit, der Extravaganz des Verhaltens und der Ansichten oder dem Rückzug in die Phantasie Platz machen.
(12) ☿☌♅ (Benasp). Hier gibt es eine erfrischende Originalität des Denkens, eher spirituell als intellektuell.
(13) ☿⚺♇ (Benasp). Dieses ist eine leichte Bestätigung von (8), wobei der Instinkt der Person in Richtung Transformation und Regeneration lenkt.
(14) ☿□ Aszendent (Malasp). Hier ist ein Hinweis, daß sich die Wege trennen insofern, als der Beginn des Lebens in die eine Richtung wies, während sich die Person entlang einem anderen, härteren Pfad entwickelte.
(15) ☿□ MC (Malasp). Erneut ein Hinweis auf Anstrengungen, weil die Denkgewohnheiten der Person in irgendeiner Weise mit dem Erreichen ihrer Ziele in Konflikt stehen.
(16) ♀⚺♄ (Benasp). Hier ist eine Tendenz, mit persönlichen Beziehungen vorsichtig umzugehen.
(17) ♀☌♇ (Benasp). Hier sind die Liebe und Freude, die der Venus eigen sind, mit dem ernsten Beigeschmack von Beseitigung und Umwandlung. Die Person hat trotz nicht immer glücklicher Erfahrungen gelernt, treu zu lieben.
(18) ♂□♄ (Malasp). Die Anmaßung des Mars verbindet sich auf schlimme Weise mit Saturns Beschränkungen und beschwört unglückliche Situationen für die Person herauf.
(19) ♃□♅ (Malasp). Noch ein Quadrat! Der Optimismus und die Aufgeschlossenheit, die Jupiters Eigenschaften sind, können neutralisiert werden durch die unkonventionelle Art des Denkens der Person.
(20) ♃☍♆ (Malasp). Hier wird Jupiters "Jovialität" erneut durchkreuzt, diesmal durch das überwältigende Gefühl für das Elend auf der Welt, das Neptun bei denen hervorrufen kann, die dafür empfänglich sind.
(21) ♃⚼♇ (Malasp). Es besteht ein ganz schwacher Einfluß durch das Wissen um die Sterblichkeit; vielleicht Zweifel und Selbstmißtrauen, die die Person in sich selbst bekämpft und meistens unterdrückt.
(22)♃☌ Aszendent (Benasp). Die natürliche Disposition der Person vom Beginn ihres Lebens an war optimistisch und glücklich.
(23) ♃□ MC (Malasp). Hier ist wieder das Element der Enttäuschung beim Erreichen von Zielen und bei der Verwirklichung von Idealen.
(24) ♅☍ MC(Malasp). Die unkonventionelle Ader des Subjekts führt wieder zu Rückschlägen.
(25) ♆☍ Aszendent (Malasp). Neptun, der in diesem Horoskop mehrmals die sensible Natur der Person einem überwältigenden Gefühl für das Unglück der Welt ausgesetzt hat, prallt hier direkt mit dem Optimismus des Jupiter zu Beginn ihres Lebens zusammen. Sie hat die Waffe des angeborenen Glücklichseins, um gegen das Wissen vom Elend anzukämpfen.
(26) ♇△ Aszendent (Benasp). Der positive Pluto macht alles besser. Hier trifft der Planet des Endes aller Dinge auf den Anfang der Person. Dieses deutet an, daß sie am

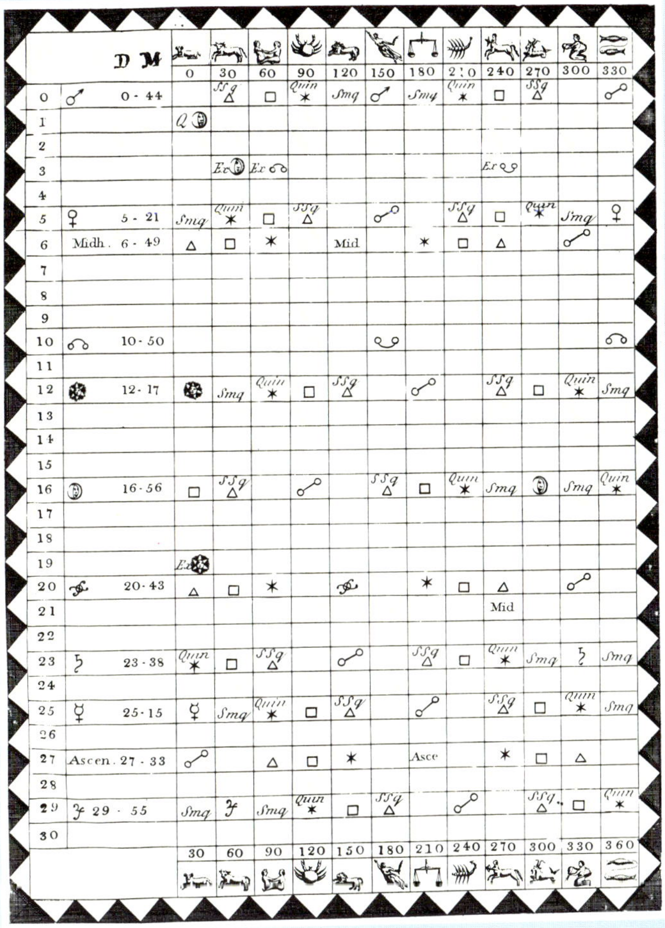

		D M	♈ 0	♉ 30	♊ 60	♋ 90	♌ 120	♍ 150	♎ 180	♏ 210	♐ 240	♑ 270	♒ 300	♓ 330
0	♂	0 - 44		SSq △	□	Quin ✶	Smq	☌	Smq	Quin ✶	□	SSq △		☍
1			Q ☽											
2														
3				Ex ☽	Ex ☊						Ex ☋			
4														
5	♀	5 - 21	Smq	Quin ✶	□	SSq △		☍		SSq △	□	Quin ✶	Smq	♀
6	Midh.	6 - 49	△	□	✶		Mid		✶	□	△		☍	
7														
8														
9														
10	☊	10 - 50						☋						☊
11														
12	⊗	12 - 17	⊗	Smq	Quin ✶	□	SSq △		☍		SSq △	□	Quin ✶	Smq
13														
14														
15														
16	☽	16 - 56	□	SSq △		☍		SSq △	□	Quin ✶	Smq	☽	Smq	Quin ✶
17														
18														
19			Ex ⊗											
20	♅	20 - 43	△	□	✶		♅		✶	□	△		☍	
21											Mid			
22														
23	♄	23 - 38	Quin ✶	□	SSq △		☍		SSq △	□	Quin ✶	Smq	♄	Smq
24														
25	☿	25 - 15	☿	Smq	Quin ✶	□	SSq △		☍		SSq △	□	Quin ✶	Smq
26														
27	Ascen.	27 - 33	☍		△	□	✶		Asce		✶	□	△	
28														
29	♃	29 - 55	Smq	♃	Smq	Quin ✶	□	SSq △		☍		SSq △	□	Quin ✶
30														
			30 ♈	60 ♉	90 ♊	120 ♋	150 ♌	180 ♍	210 ♎	240 ♏	270 ♐	300 ♑	330 ♒	360 ♓

LINKS Tabelle der Aspekte bei der Geburt von George Witchell, Astronom, geboren am 21. März 1728, aus E. Sibleys "Illustration of the Celestial Art of Astrology", 1817.

Ende ihres Lebens trotz der Kämpfe und Enttäuschungen das Gefühl haben wird, der Wahrheit treu geblieben zu sein und gesiegt zu haben.

ZUSAMMENFASSUNG

Wir haben hier eine ausgewogene Persönlichkeit, von Natur aus glücklich und geborgen, mit Führungsqualitäten. Sie kann sich in Rede und Schrift gut mitteilen. Sie besitzt einen aufgeweckten, unabhängigen Intellekt, mit gutem Gedächtnis gesegnet. Dieser kann entschiedene, unkonventionelle Ansichten entwickeln, die sie energisch zu propagieren versuchen wird, und die wahrscheinlich Opposition wecken werden. Sie kann dabei in erheblichen Streit verwickelt und in ihren letztlichen Zielsetzungen enttäuscht werden. Sie muß darauf achten, aufgeschlossen zu bleiben, ihre Gegner ernst zu nehmen und nicht so heftig auf Kritik zu reagieren, um sich nicht in Vorurteilen zu verfangen.

Eine weitere Gefahr dürfte finanzieller Art sein. In ihrem Horoskop gibt es keinen Hinweis auf materielles Denken, und da sie kaum an Geld interessiert ist, muß sie vertrauenswürdige Fachleute auf diesem Gebiet beschäftigen und selbst Spekulationen vermeiden.

Ihre Emotionen sind stark und ihre Beziehungen insgesamt glücklich, besonders die innerhalb ihrer engeren Familie. Sie ist eine gute Haufrau und es fällt ihr schwer, ihre Kinder ziehen zu lassen, wenn sie das entsprechende Alter erreicht haben. Im größeren Kreis ist sie gesellig und genießt die Kommunikation.

KAPITEL FÜNF

EINE KURZE GESCHICHTE DER ASTROLOGIE

Die Astrologie begann vor über 5.000, möglicherweise sogar vor 7.000 Jahren, und war die erste exakte Wissenschaft, die von Menschen studiert werden sollte. Zunächst einmal war sie eine königliche und staatliche Wissenschaft. Im Ur der Chaldäer, einer Stadt in Sumer, dem Teil Mesopotamiens unmittelbar nördlich des Persischen Golfes, wurde die Astrologie wahrscheinlich geboren; sie war darauf beschränkt, nur die Omen für König und Staat vorauszusagen. Nördlich von Sumer lag Babylonien, und in diesen beiden Ländern wurden die Grundlagen der Studien gelegt, von denen die modernen Systeme abstammen.

Die festen Konstellationen schienen unveränderlich,

OBEN Eine imaginäre Ansicht von Babylon, wo - gemeinsam mit Sumer - die Grundlagen der Astrologie gelegt wurden.

OBEN Auf diesem Zylindersiegel des Schreibers Abba, ca. 2400-2200 v.Chr., ist neben anderen Gottheiten die Sonnengöttin Shamash dargestellt.

OBEN Ein babylonischer Grenzstein, ca. 1120 v.Chr., trägt die Symbole von Göttern, die zum Schutze der Beurkundung angerufen wurden.

LINKS Eine chinesische Tierkreisvase aus dem 5. bis 6. Jahrhundert, geschmückt mit den Bildern von 12 Tieren, welche die Monate des Jahres repräsentieren.

doch in der klaren Atmosphäre Mesopotamiens, wo die Beobachtung durch die Weite der flachen Landschaft unterstützt wurde, konnten die Bewegungen jener Himmelskörper, die regelmäßige Bahnen am Himmel zu durchlaufen schienen, beobachtet werden. Die Planeten, die wir Merkur, Venus, Mars, Jupiter und Saturn nennen, waren den Sumerern, den Babyloniern und ihren Nachfolgern bekannt.

Der Gürtel des Tierkreises, in dem die Bahnen der Planeten hauptsächlich lagen (obwohl sie gelegentlich aus ihm heraus wanderten; man nahm dann an, sie ruhten in ihren "Häusern") mag seit Jahrtausenden bekannt gewesen sein, auch wenn die moderne Forschung ihre Entdeckung meist der griechischen Wissenschaft des sechsten und fünften Jahrhunderts v.Chr. zuschreibt. Die Sumerer setzten Venus mit Innin oder Inanna gleich, der Gebieterin des Himmels.

Die Babylonier betrachteten sie als Ishtar, Göttin des Krieges und des Gemetzels in ihrer Erscheinung als Morgenstern, aber als Göttin der Liebe, Zeugung, Fruchtbarkeit, Güte und des Luxus, wenn sie als Abendstern schien. Sie war eine Tochter des Sín, des Mondgottes, und eine Schwester von Utu oder Shamash, Gottheit der Sonne. Nergal, Gott des Krieges und der Zerstörung und Herrscher der Unterwelt, war also der rote Planet, der Mars; Merkur war der babylonische Nabu, Jupiter war Marduk und Saturn Ninnib.

Berichte über frühe Phänomene, die offenbar von den Bewegungen der Himmelsgötter herrührten, wurden in Schriften aufgezeichnet, die als die "Enuma Anu Enlil"-Tafeln bekannt sind und aus dem Anfang des vierten Jahrtausends v.Chr. stammen. Aufzeichnungen von Voraussagen folgten, zuerst über Ereignisse wie Kriege und Überschwemmungen, später Geburtshoroskope einzelner Könige, von denen einige noch auf Keilschrifttafeln existieren.

Im Osten drang die mesopotamische Astrologie um das sechste Jahrhunder v.Chr. nach Indien vor und

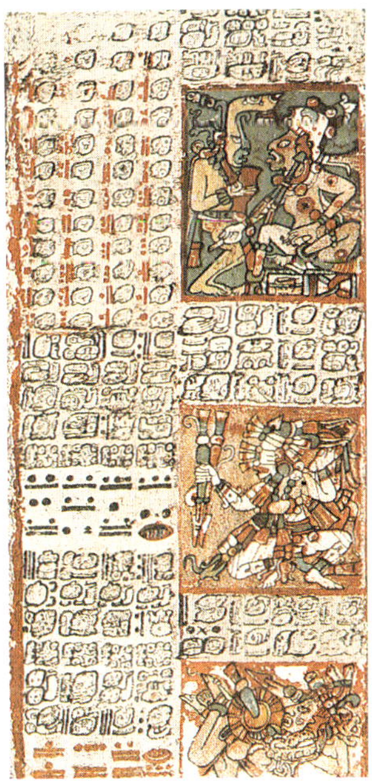

LINKS Ein Manuskript der Maya aus Mexiko. In der klaren Luft ihrer Heimat entwickelten die Mayas ein ausgeklügeltes astronomisches System.

wenig später nach China und Indochina (obwohl es dort einige frühere Einflüsse gegeben haben mag).

Westwärts wanderte sie nach Ägypten und Griechenland. Primitive Völker in Westeuropa hatten unabhängig von Sumer und Babylon schon 2000 v.Chr. gelernt, die Sonnenwenden und andere astronomische Vorgänge mit Anlagen von Megalithen zu markieren. In Mexiko entwickelten die Mayas ab etwa 300 ein noch genaueres astronomisches Wissen als die Babylonier und einen Kalender mit 365 Tagen sowie einen Tierkreis von dreizehn Zeichen. Die Azteken schufen ein etwas gröberes System.

DIE WICHTIGEN FRÜHEN TEXTE

Die Griechen setzen die Planeten mit ihren Gottheiten gleich, im Charakter denen der Babylonier sehr ähnlich. Ishtar, der Morgen- und Abendstern, wurde zu Aphrodite, in der römischen Kultur Venus. Nabu verwandelte sich in den griechischen Hermes, römisch Merkur, Bote der Götter. Durch die Eroberungen Alexanders des Großen (356-232 v.Chr.) breitete sich das griechische Gedankengut in der ganzen alten Welt aus, doch die Griechen selbst gerieten unter fremden Einfluß. 280 v.Chr. brachte Bedosus, ein chaldäischer Priester, die

CLAUDIUS PTOLEMÄUS, GEOGRAPH, ASTRONOM UND ASTROLOGE

OBEN Ptolemäus, 2. Jahrhundert, begründete die bis zum 15. Jahrhundert akzeptierte Theorie, daß die Erde der Mittelpunkt des Universums sei.

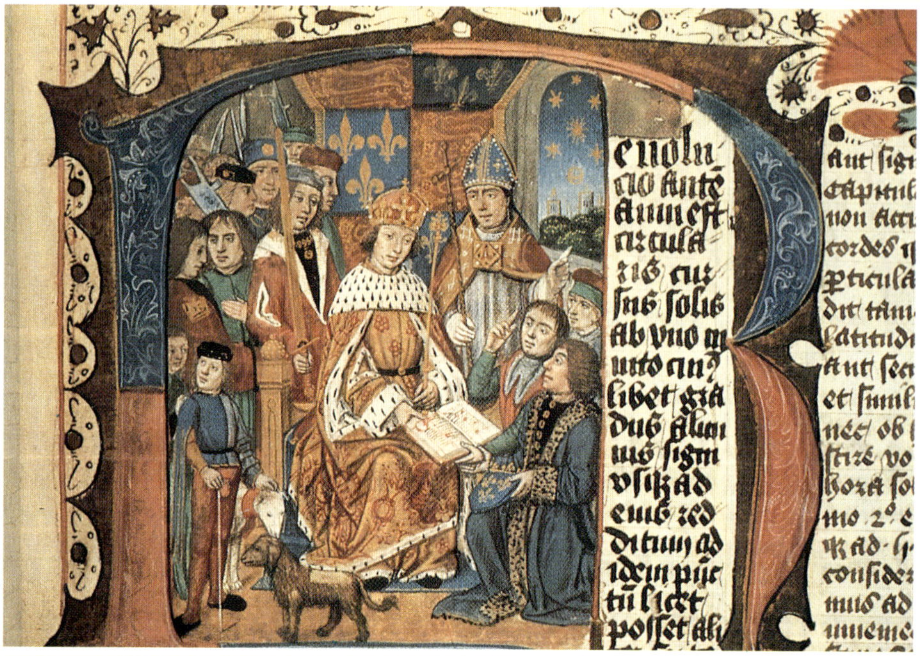

RECHTS Ein Schreiber überreicht König Heinrich VIII. eine Abschrift des Tetrabyblos des Ptolemäus. Ptolemaeus' Theorie der Bewegung der Himmelssphäre hat eine tiefgreifende und anhaltende Wirkung auf die Astrologie gehabt.

In Alexandria verfaßte der griechische Astronom Ptolemaeus den Almagest oder Tetrabiblos ("Vier Bücher"), die ersten noch vorhandenen maßgeblichen Abhandlungen über Astrologie. Darin lehrte er, daß die Welt vom "Ambient" umgeben sei, von Kraft, gewonnen aus ätherischer Natur. Kräfte von den Himmelskörpern, durch dieses Medium übermittelt, beeinflußten die Zeugung, die Fruchtbarkeit, den Wachstumsprozeß und die Formen der Entwicklung von Lebewesen. Entsprechend wurde geglaubt, daß Berechnungen der künftigen Positionen der Sterne und Planeten Voraussagen möglich machen würden. Ptolemäus klassifizierte die Sterne in "benefic" und "malefic", die entsprechend ihren Positionen und Beziehungen zu anderen Gutes und Böses bewirken, und er listete die Eigenschaften der Sternzeichen und der Häuser auf. Durch ihn brachten die Griechen die Astrologiezu den Normalsterblichen.

OBEN Das Innere eines ägyptischen Sarges, 2. Jahrhundert, zeigt die Göttin Nut und die Zeichen des Tierkreises.

Astrologie nach Griechenland.

Ägypten hatte jedoch lange zuvor seine eigene Astrologie entwickelt. Seit etwa 2000 v.Chr. hatte es einen Kalender geschaffen, den die Griechen sich später zu eigen machten. Die Perser führten die Astrologie im 6. Jahrhundert. v.Chr. in Ägypten ein; sie entwickelteneine Form der Sternenreligion, die allmählich sowohl Griechenland als auch Rom beeinflußte. 36 Sterne, Dekane genannt, wurden ausgewählt, die in Intervallen von zehn Tagen aufstiegen, jeder von einem Geist beherrscht. Die Zehntagesperioden entwickelten sich in Unterteilungen der zwölf 30°-Sternzeichen von zehn Grad. Etwa 150 v.Chr. schrieb eine Abhandlung eines fiktiven Priesters, Petisiris, und eines Königs, Nechepso, jedem Tag der Woche einen Planeten zu.

Noch bedeutender war die Sammlung von Texten, aufgezeichnet zwischen 50 v.Chr. und 150 n.Chr., die Hermes zugeschrieben wurde, dem griechischen Merkur und ägyptischen Thot. Das sich gewöhnliche, wenn auch wohlhabende Männer mit Astrologie befaßten, beweist die Tatsache, daß Horoskope manchmal auf Grabmälern eingezeichnet waren.

Die Chinesen waren wahrscheinlich die ersten, die die Astronomie getrennt von der Astrologie entwickelten, die sie für das Voraussagen von Ereignissen verwendeten. Sie unterteilten den Himmel in fünf "Paläste", einen Zentralbereich um den Pol und vier Äquatorialabschnitte, die den vier Jahreszeiten entsprachen. Zwölf Zeichen - Tiger, Hase, Drachen, Schlange, Pferd, Schaf, Affe, Huhn, Hund, Schwein, Ratte und Ochse, die abwechselnd die Eigenschaften des positiven Yang (Männlichkeit, Licht und Bewegung) und des negativen Yin (Weiblichkeit, Dunkelheit und Reaktion) besaßen - basierten auf Unterteilungen des Äquators (nicht des Himmels wie beim Tierkreis).

Das komplizierte und offensichtlich wissenschaftliche System, das der Vorläufer der europäischen Astrologie werden sollte, wurde inzwischen von den Griechen aus eigener Kraft in Verbindung mit babylonischen und ägyptischen Elementen entwickelt. Philosophie, Medizin und Religion unterstützten es. Der Mithraskult, ein so großer Rivale des Christentums, daß ihn der Wurf der sprichwörtlichen Münze anstelle des Christentums zur

OBEN Ein chinesisches Bild aus dem 17. Jahrhundert. Eine Gruppe Astrologen studiert das Yin-Yang-Symbol.

Religion Europas hätte machen können, weihte seine Anbeter in aufeinanderfolgende Mysterien ein, welche die Reise der Seele durch die sieben Planetenreiche repräsentierten. Der Gnostizismus in seinen vielen Formen und einige der Geheimreligionen hatten sehr ähnliche Konzepte zur Grundlage. Melothesis, die "Wissenschaft", die lehrt, daß die Sterne und der Tierkreis Teile des Körpers beherrschen, wurde Bestandteil der normalen medizinischen Praxis.

OBEN Die Geburt Jesu, den Schäfern von einer Schar Engel verkündet, und der Stern von Bethlehem. Die Astrologie ist von unmittelbarer Bedeutung für das christliche Dilemma hinsichtlich Prädestination und freiem Willen.

In Rom traten die offiziellen Auguren der Astrologie entgegen, als sie während des 2. Jahrhunderts v.Chr. dort anlangte, doch die Bevölkerung hieß die "Chaldäer" willkommen, die ihnen das Schicksal aus den Sternen voraussagten. Die römischen Imperatoren hatten eine Abneigung gegen die Astrologie, da sie sie für eine mögliche Waffe hielten, die künftige Usurpatoren ihrer Throne benutzen könnten. Sie fand einen Unterstützer, den neuplatonischen Philosophen Plotinus, der sich 241 in Rom niederließ.

Trotz einer Reihe von Hinweisen im Alten Testament hatte das Judentum wenig Zeit für die Astrologie, obwohl die Tatsache verzeichnet ist, daß "die Sterne in ihrem Lauf gegen Sisera kämpften". Laut dem Christentum brach die Ankunft Christi die Herrschaft der Planeten über das menschliche Schicksal.

Eine christliche Auffassung war, daß der Stern von Bethlehem die alte Ordnung des Sternenhimmels veränderte, eine andere, daß es das Bild der Kassiopeia war, die alle 300 Jahre einen ungewöhnlich hellen Stern hervorbrachte und als "Die Frau mit dem Kind" bekannt war. Außerdem war Kassiopeia die beherrschende Konstellation von Syrien/Palästina, und für die Heiligen Drei Könige - die jedoch Astrologen waren, keine Könige - war es natürlich, dem Zeichen zu folgen, daß ihnen verkündete, eine Frau aus Palästina habe einen königlichen Sohn geboren.

KARMA

In Indien wurden die Hindu Vedas - heilige Schriften, vor 1000 v.Chr. angeblich von den sieben Rishis oder Scheinenden, den Sternen des Großen Bären, geschrieben - von der babylonischen Astrologie beeinflußt. Individuelle Horoskope kamen durch den griechischen Einfluß nach der Eroberung durch Alexander den Großen auf. Indien entwickelte ein eigenes System, das die Lunarhäuser, die Nakshatras, mehr als jedes andere Land hervorhob. Der Hinduismus ergänzte die Astrologie durch den Gedanken des Karma (die Resultate, die die Taten während seines gesamten Lebens einem Menschen einbringen) und der Reinkarnation. Die Sterne konnten sowohl die Auswirkungen jeder Tat in früheren Reinkarnationen und im jetzigen Leben enthüllen, als auch die künftigen Taten in diesem Leben sowie das Stadium in seiner spirituellen Entwicklung anzeigen, das ein Individuum erreicht hat. Indien nimmt heute die Astrologie ernst.Etwa einem Dutzend studierter Astronomen ist der angesehene Titel Jyotisha Pandit gestattet. Sie veröffentlichen einen jährlichen Almanach mit dem Titel Panchaga. Die Polizei setzt Astrologen bei ihrer Arbeit ein, und vielversprechende Tage werden für wichtige Unternehmungen ausgewählt.

OBEN Paracelsus (Theophrastus Bombastus von Hohenheim, ca. 1490-1541), Arzt und Alchimist, glaubte, Ärzte müßten die Astronomie verstehen und anwenden, da die Menschheit vom astralen Geist durchdrungen werde.

Die frühe Christenheit war der Astrologie gegenüber manchmal tolerant, manchmal feindselig. In der Klementinischen Wiedererkennung (2. Jh.) heißt es, daß Gott die Himmelskörper als Zeichen vergangener, gegenwärtiger und künftiger Dinge geschaffen habe und Abraham den Schöpfer aus den Sternen erkannt habe. Feindselige christliche Autoren, darunter Augustinus, griffen die Astrologie mit einem zweischneidigen Argument an - entweder sei sie falsch oder, wenn richtig, verdanke sie ihre Genauigkeit dem Teufel.

Das jüdische Sepher Yetsirah (Buch der Schöpfung, geschrieben ca. 500), einer der Klassiker des jüdischen mystischen Systems, als die Kabbalah bekannt, und das Zohar (Buch der Herrlichkeit) beeinflußten beide das europäische Denken und ließen den Glauben an den Einfluß des Himmels erkennen.

Die Astrologie verschwand während des finsteren Mittelalters in Europa fast völlig, wurde aber von den

UNTEN Nostradamus sagt Katharina von Medici mittels eines magischen Spiegels das Schicksal der französischen Könige voraus.

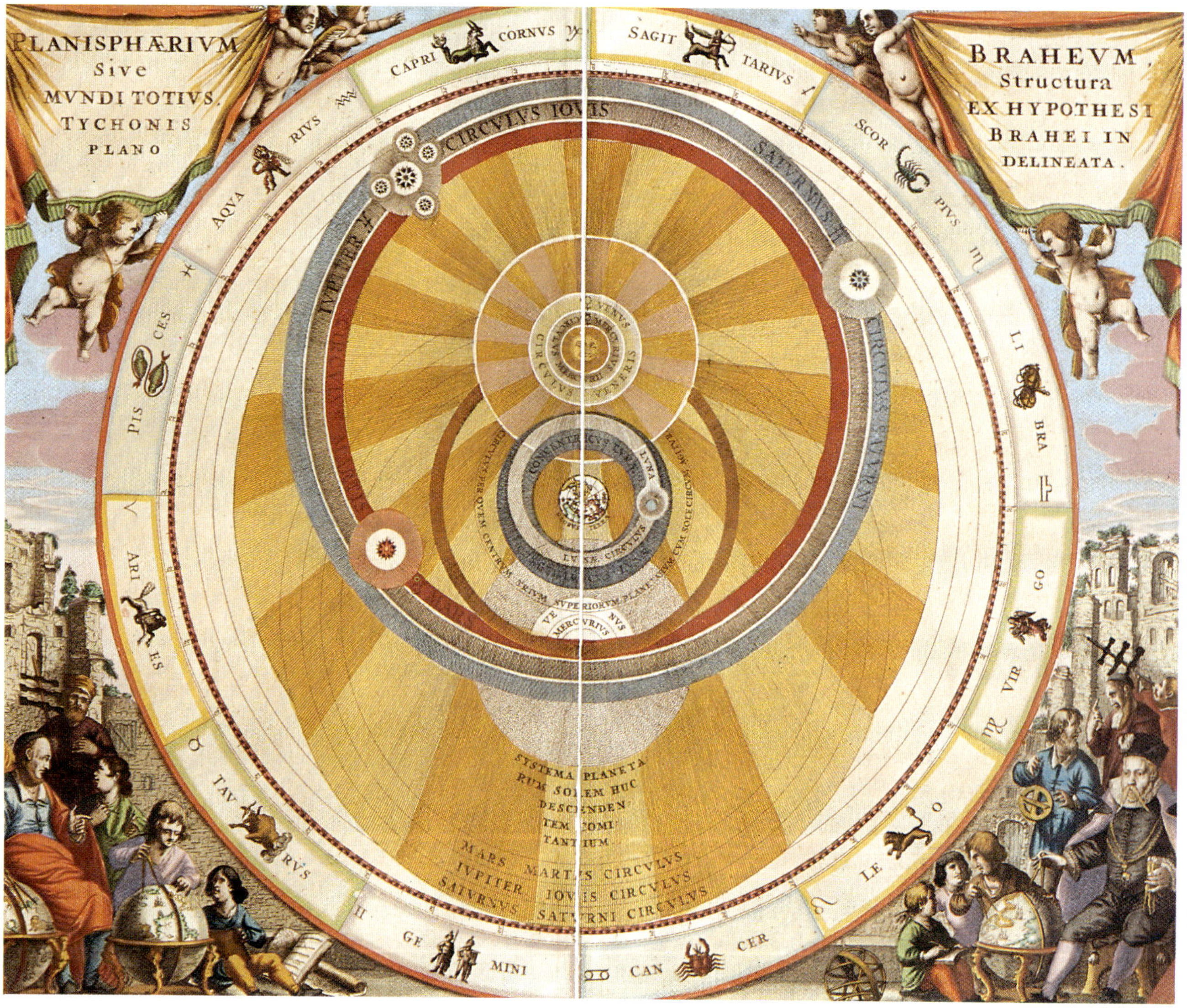

OBEN Eine Illustration des geo-heliozentrischen Universums des Tycho Brahe (1546-1601), dänischer Astronom und Katalogisierer der Sterne.

Mohammedanern am Leben gehalten. Im achten Jahrhundert gründete der Kalif Al Mansur eine Schule der Astrologie in Bagdad mit dem praktischen Zweck, Diebe zu fangen, verlorenen Besitz wiederzuerlangen und die beste Zeit für Unternehmungen zu bestimmen.

Als im elften und zwölften Jahrhundert die Gelehrsamkeit wieder auflebte, akzeptierte das Christentum die arabischen, astrologischen Abhandlungen wegen ihres aristotelischen Anflugs. Aquinas (ca. 1126-1174) war der Urheber des endgültigen christlichen Kompromisses mit der Astrologie und machte sie akzeptabel. Die Astrologie/Astronomie (da die beiden sich bis zum 17. Jahrhundert nicht wirklich trennten) erreichte ihren Höhepunkt in der Renaissance, als die "Neue Gelehrsamkeit" (von der vieles neu entdecktes Altes war) sich unter den Massen verbreitete. Berühmte Gelehrte schrieben astrologische Abhandlungen; der bedeutendste von ihnen war der Schweizer Paracelsus (1492-1541). Er glaubte daß die innere Natur des Menschen mit dem Universum zwar übereinstimme, jedoch dem Einfluß der Sterne und Planeten widerstehen könne.

Einige Päpste (z.B. Julius II., Leo X., Paul III.) und Potentaten begünstigten Astrologen. Katharina von Medici förderte den berühmten Nostradamus (1503-

1566) und Elisabeth I. von England Dr. John Dee (1527-1608).

WISSENSCHAFTLICHE EINWÄNDE

Die Entdeckung des Kopernikus (1473-1543), daß die Erde nicht der Mittelpunkt des Universums war, sondern um die Sonne kreiste, und die Entwicklung der modernen Astronomie durch Tycho Brahe (1546-1601), Kepler (1571-1630) und Galileo (1564-1642), Erfinder des Fernrohrs, vernichtete die Astrologie nicht, obwohl

OBEN Der Große Brand von London (1666), von dem Astrologen William Lilly vorausgesagt, so daß er verdächtigt wurde, das Feuer gelegt zu haben.

UNTEN Der Prozeß gegen Galileo in Rom, 1633, wegen der Entdeckung, daß die Erde nicht Mittelpunkt des Universums war. Galileo wurde gezwungen, der Wahrheit öffentlich abzuschwören.

sie unterminiert war. Trotz der strengen Mißbilligung durch Papst Urban VIII. im Jahre 1631 war ein Priester, Placidus de Titis, der berühmteste Astrologe des 17. Jahrhunderts. Er wurde durch die Veröffentlichung der "Physiomathematica sive Coelestis Philosophia" der Vater der modernen Astrologie. Die Wissenschaft wurde in England durch Männer von großem intellektuellen Rang lebendig gehalten. Von William Lilly (1602-1681) zum Beispiel, der 1648 so genau den Großen Brand von London 1666 prophezeite, daß ein Parlamentsausschuß Untersuchungen anstellte, um herauszufinden, ob er das Feuer gelegt habe.

Populäres Interesse an der Astrologie wurde durch die Publikation jährlicher astrologischer Almanache aufrechterhalten, doch das intellektuelle Klima der Aufklärung lehnte die Astrologie als Aberglauben ab. Wilhelm Herschels Entdeckung des Uranus 1781 versetzte der Astrologie fast den Todesstoß, weil die mystische Planetenzahl, die Sieben, nicht mehr stimmte und behauptet wurde, alle Berechnungen auf der Grundlage der bisher bekannten Planeten seien wertlos.

Doch 1790 gab Ebenezer Sibley seine "Science of Astrology" heraus, neu aufgelegt 1812 und 1928, sowie ein astromedizinisches Lehrbuch, "The Key to Physick and the Occult Science". Die Aufklärung rief auch eine Reaktion des Glaubens hervor, die sich in religiösen Bewegungen wie der methodistischen Erneuerung und im Okkultismus ausdrückte; James Wilsons "A Complete Dictionary of Astrology" erschien 1819.

OBEN Eine hieroglyphische Prophezeiung für das Jahr 1865 aus *Raphaels's Prophetic Messenger and Almanack.*

OBEN Das Wrack des R101, 5. Oktober 1930, angeblich von R.H. Naylor in der britischen Zeitung *Sunday Express* prophezeit.

ASTROLOGIE IM 20. JAHRHUNDERT

Intensives Interesse an Spiritualismus, Seelenforschung und charismatischen, esoterischen Formen der Religion war in der zweiten Hälfte des neunzehnten Jahrhunderts verbreitet, wahrscheinlich als Reaktion auf den zunehmenden wissenschaftlichen Materialismus. Die Gründung der Teosophischen Gesellschaft 1875 durch Madame Blavatsky, anziehend für Intellektuelle, belebte neben dem Interesse an anderen Glauben auch das an der Astrologie wieder. Annie Besant, die Nachfolgerin der Blavatsky, glaubte überzeugt daran, und die Astrologische Loge der Theosophischen Gesellschaft, gegründet 1920, gibt eine Vierteljahresschrift "Astrology" heraus, hält Kurse ab und verleiht Diplome.

Die Theosophische Gesellschaft der Vereinigten Staaten gab dem Interesse der Amerikaner an Astrologie denselben Aufschwung wie der deutsche Zweig den Deutschen. Ein Theosophist, Max Heindel, machte sie durch eine Reihe von Büchern populär. 1926 gründete Llewellyn George die National Astrological Association, aus der 1928 die American Federation of Astrologers wurde.

Wie sehr heute in der modernen Welt an die Astrologie geglaubt wird, ist schwer zu sagen. Aber es gibt nur wenige Menschen in der westlichen Welt, die ihr Sternzeichen nicht kennen und die, wenn ihr Blick auf "Was die Sterne sagen" in ihrer Tageszeitung fällt, den sie betreffenden Abschnitt nicht lesen.

OBEN William Lilly, geb. 1. Mai 1602 (Stier), englischer Astrologe, in Samuel Butlers *Hudribras* als Sidrophel verewigt.

KAPITEL SECHS

IST ASTROLOGIE WAHRSCHEINLICH?

Ein menschliches Wesen ist den Planeten des Sonnensystems verhältnismäßig näher als den kleinsten Partikeln in seinen Körper. Ein Mann von 180 cm Körpergröße verfügt über Partikel - in Gruppen, wenn nicht einzeln -, die 1.750.000.000.000.000 mal kleiner als er selbst sind. Würden die Elektronen in seinem Körper ebenso groß wie der Mann selbst werden, würde er sich auf 3.220.000.000 Kilometer vergrößern. Pluto, der entfernteste Planet, bewegt sich auf einer Achse 644.000.000.000 Kilometer von der Sonne oder einem fünfzigstel der Höhe unseres Giganten, dem das Sonnensystem als ein winziger Wirbel von 1/2 cm Durchmesser erscheinen würde.

Da dieses enorme Universum, das ein Mensch ist, die Partikel, aus denen er sich zusammensetzt, beeinflussen kann und von ihnen beeinflußt werden kann, ist a priori nichts daran unmöglich, daß die menschliche Wesen genannten Partikel von den Himmelskörpern beeinflußt werden können. Ein menschlicher Körper ist etwa tausendmal näher an Pluto im Raum als eines seiner Elektronen zu ihm.

"Ach", könnte man antworten, "doch jeder Mensch ist eine selbständige Einheit, ganz verschieden und gesondert von den unbelebten Gesteinsmassen, die wir Planeten nennen, die im Raum kreisen." Für einen Quantenphysiker besteht alle feste Materie aus riesigen Mengen leeren Raums, in dem die Partikel kreisen, aus denen die Materie besteht. Ein Elektron ist im Verhältnis zu dem Atom, in dem es seine Existenz hat, ein Salzkorn im St. Petersdom zu Rom. Selbst dieses Gleichnis kann zu Mißverständnissen führen, denn Elektronen sind reine Energie, keine mikroskopisch winzigen Bausteine, und eines von ihnen ist viel eher wie ein winziger elektrischer Funke als so etwas solides wie Salz. Unser Gargantua, der sich über diese 1.75012 Meilen erstreckt, wäre relativ ebenso voller leeren Raumes wie das Solarsystem und die Bereiche jenseits von ihm - doch er würde eine Einheit bilden, deren Teile einander beeinflussen würden und beeinflußt werden könnten und viele andere autonome Systeme beeinflussen könnten.

Und er würde sogar aus genau denselben Partikeln bestehen wie der Rest des Universums. Die Quantenphysik hat keine Probleme mit der Vermutung, daß das

LINKS Hipparch, ca. 146-127 v.Chr., griechischer Astronom, der die Präzession des Äquinoktiums entdeckte, einer der ersten wissenschaftlichen Einwände gegen die Behauptungen der Astrologie.

Verhalten eines Partikels auf der Erde das eines Bruderpartikels am äußeren Rand der Milchstraße beeinflussen könnte und umgekehrt, und das, obwohl es keine offensichtlichen Kommunikationsmittel zwischen ihnen gibt.

Der erste wissenschaftliche Schlag gegen die Astrologie war die Entdekckung der Präzession des Äquinoktiums im 2. Jahrhundert v.Chr. durch den griechischen Astronomen Hipparch. Diese wird verursacht durch die sehr langsame Veränderung der Rotation der Erdachse, die eine Kreisbewegung der Himmelspole zwischen den Sternen hervorruft, wobei jeder Kreis zur Vollendung 25.800 Jahre benötigt. Das bedeutet, daß vor 4.000 Jahren die Sonne zur Frühlings-Tag-und-Nachtgleiche im Sternbild des Widders war; ab dem Jahre 300 war sie in dem der Fische, und ab etwa 2000 wird sie in dem des Wassermannes sein.

Die Bewegung der Pole und des Äquators des Himmels nimmt den Tierkreis und seine Zeichen mit sich, so daß ein Kind, das in dem Tierkreis geboren wurde, das Stier war, jetzt als ein Kind des Widders eingestuft wird und ihm die Eigenschaften des Widders gegeben werden. Die astrologische Tradition wird daher nichtig, wenn die Übereinstimmung der Zeichen und Konstellationen endet, oder die den Zeichen zugeschriebenen Eigenschaften sind mit ihnen gar nicht verbunden.

ASTRONOMISCHE EINWÄNDE

Die astronomischen Offenbarungen von Kopernikus, Brahe, Kepler und Galileo erschütterten die Astrologie erneut, aber nur vorübergehend. Die Theorie der Schwerkraft von Sir Isaac Newton (1642-1727) stärkte den Glauben eher als ihn zu schwächen, denn sie zeigte,

LINKS Die von Sir Isaac Newton (1642-1727), geboren am 25. Dezember (Steinbock), veröffentlichte Theorie der Schwerkraft stärkte den Glauben an die Astrologie.

LINKS Ein Schwarm von Wanderheuschrecken in Algerien. Der Siebenjahreszyklus der Sonnenflecken ruft auf seinem Höhepunkt angeblich solche Schwärme von Schädlingen hervor.

daß das Universum von mächtigen, aber unsichtbaren Kräften zusammengehalten wurde. Sie unterstützte auch eine entstandene Philosophie, daß es in der ganzen Schöpfung eine Harmonie gäbe, so daß ein Muster im Universum durch ein ähnliches Muster unter den Menschen widergespiegelt würde; "wie oben, so unten". Daher weise das Bild des Himmels im Moment einer Geburt einen Plan auf, mit dem das Leben des Kindes harmonieren müßte.

Die Entdeckung eines achten Planeten, Uranus, im Jahre 1781 war ein weiterer Schlag gegen die konventionelle Astrologie, ebenso die von Neptun 1846 und von Pluto 1930. Immer unverwüstlich, schlugen die Astrologen mit der Behauptung zurück, diese Planeten seien so weit entfernt und bewegten sich so langsam, daß sie eher Generationen als Individuen beeinflussen. Die Tatsache, daß sie entdeckt wurden und die Implikationen ihrer Entdeckung dahingehend, daß sie angeblich weltweite Bewegungen und wissenschaftliche Fortschritte beeinflussen, sind ein Teil des großen Planes der Dinge, der am Himmel abgebildet ist.

Wissenschaftliche Entdeckungen im 20. Jahrhundert haben gezeigt, daß die Mondphasen einen direkten Einfluß auf das Reproduktionssystem einer Reihe von Lebensformen haben. Der Elfjahresrhythmus der Sonnenflecken scheint den Regen und folglich den Wasserspiegel und die Vegetation zu beeinflussen. Er kann die Tage um einen Sekundenbruchteil verkürzen, was aber ausreicht, Erdbeben und Vulkanausbrüche auszulösen. Er verursacht die starke Vermehrung von Bakterien und möglicherweise Epidemien, ruft die Heimsuchung durch Plagen wie die Wanderheuschrecke hervor und ist verantwortlich für gewisse Mängel in unserem Körper und sogar unserem Geist. Schlechter Gesundheitszustand, Verkehrsunfälle, plötzliche Todesfälle, Selbstmorde und Straftaten nehmen zu, wenn die Sonnenflecken sich dem Höhepunkt ihrer Aktivität nähern. Herz- und Lungenkrankheiten hängen mit magnetischen Störungen durch die Sonne zusammen, und Änderungen des Sonnenzyklus beeinflussen offensichtlich alle Aspekte des Lebens auf der Erde. Unsere Erde befindet sich tatsächlich innerhalb der Atmosphäre der Sonne, und wo ihre Magnetatmosphäre auf unsere Erde trifft, treten Störungen auf, die das Leben beeinflussen können.

Trotz aller Bemühungen der Astrologie, sich mit dem wissenschaftlichen Fortschritt zu einigen, wurde sie weiterhin aus verschiedenen Ecken verurteilt. Robert Eisler schrieb in "The Royal Art of Astrology" leicht übertrieben von ihren "nutzlosen Praktiken... mit der größten Sorgfalt und Unvoreingenommenheit von den herausragendsten Gelehrten der führenden westlichen Länder seit nunmehr fast drei Jahrhunderten untersucht... und keiner versäumte, sie zu verdammen."

C.G. Jung schrieb: "Wenn die Astrologen sich mehr auf die Statistik konzentriert hätten, hätten sie schon vor langem festgestellt, daß ihre Erklärungen auf ungefestigten Voraussagen beruhen." Doch Jung ließ die Astrologie nicht völlig fallen. 1948 schrieb er an das "Indian Astrological Magazine": "In Fällen von schwierigen psychologischen Diagnosen hole ich gewöhnlich ein Horoskop ein... Ich stelle sehr oft fest, daß die astrologischen Daten gewisse Punkte erhellt haben, die ich sonst nicht hätte verstehen können."

Jung erkannte an, daß Astrologen manchmal erstaunlich wahre Voraussagen machen, schrieb diese aber nicht den Sternen zu, sondern telepathischen oder hellseherischen Gaben, die das Horoskop als Linse benutzen, um einen Blick auf die Zukunft zu erhaschen. Er benutzte die Astrologie auch, um seine Theorie der Synchronizität zu testen. Diese behauptete, daß alles, was in einem bestimmten Augenblick getan würde, die Qualitäten dieses Augenblicks hätte, ein Gesetz, das weder auf den Zufall noch auf Kausalität zurückzuführen sei.

Der Prozeß bestünde aus zwei Faktoren: (1) ein unbewußtes Bild taucht im Bewußtsein auf, entweder direkt (als es selbst) oder indirekt (symbolisiert oder eingegeben) in Form eines Traumes; (2) eine objektive Situation stimmt mit diesem Kontext überein. Jung stützte diese Theorie zum Teil durch die Analyse von 996 Horoskopen verheirateter und unverheirateter Personen. Die Häufkeit der Ehe-Konjunktionen ließ auf reinen Zufall schließen, doch die Konjunktion der Sonne des einen Partners mit dem Mond des anderen oder der Monde beider Partner war der häufigste aller festgestellten Aspekte.

Jungs Gedanke, daß alles, was in einem bestimmten Augenblick getan wird, die Qualitäten dieses Augenblicks enthält, verbindet sich mit einem weiteren modernen Konzept, daß die gesamte Existenz ein großes Energiesystem sei. Das Atom hat einen Kern, Atome bilden Zellen, die ein Herz, einen Kern haben, Zellen bilden menschliche Körper mit Herzen in ihrem Zentrum, die Sonne ist das Herz des Sonnensystems, dieses eine Art Zelle in der Milchstraße, die wiederum eine Einheit in einem Muster von Galaxien ist, und so weiter.

Doch da die Sterne Menschen beeinflussen, müssen sie alle lebenden Wesen beeinflussen. Astrologen haben Horoskope für Haustiere gestellt - eine logische Erweiterung für manche, eine Absurdität für andere.

Falsche Positionen und Statistiken

Ein starkes Argument gegen die Astrologie ist, daß die von Praktikern gezeichneten planetaren Aspekte flache Muster sind. Sie setzen die himmlische Länge und Breite der Himmelskörper fest, aber sie berücksichtigen nicht die Entfernung und die Lichtgeschwindigkeit. Selbst wenn sie relativ nahe sind, stellt die Lichtgeschwindigkeit sie nicht dorthin, wo sie zu sein scheinen, sondern dorthin, wo sie zu der Zeit waren, als das von ihnen reflektierte Licht seine Reise zur Erde begann.

Die scheinbare Position einiger Planeten könnte sich von ihren aktuellen Orten gerade genug unterscheiden, um die Deutungen der Horoskope grundlegend zu ändern. Der Astrologe kann antworten, daß das von ihm benutzte System eine mathematisch genaue, zweidimensionale Darstellung einer dreidimensionalen Realität ist. Außerdem ist der Augenblick der Geburt auf der Erde wesentlich und die Kombination von Kräften und Einflüssen, die in dem Augenblick wirken.

Michel Gauquelin (geb. 1928), der wahrscheinlich mehr astrologische Daten als jeder lebende Mensch gesammelt hat, führt verschiedene Experimente an, deren Feststellungen sich gegen die Astrologie richten. Bei einem wurden 14 willkürlich ausgewählten Praktikern Geburtsdetails von drei Berühmtheiten gegeben sowie deren Namen, und sie wurden aufgefordert, die Daten den Namen zuzuordnen. Die Ergebnisse hätten nicht schlimmer sein können, wären die Antworten will-

MICHEL GAUQUELIN: EINE NEUE PERSPEKTIVE

Seit seiner Studienzeit an der Sorbonne, als er Psychologie und Statistik studierte, hat Gauquelin viele Jahre der Anwendung der Statistik auf die astrologischeWissenschaft gewidmet. Er trug genug stichhaltiges Material gegen die traditionelle Astrologie zusammen, um sie zu zerstören. Doch er entdeckte, daß ein statistisch signifikanter Teil von 1.084 prominenten Medizinern geboren wurde, wenn entweder Mars oder Saturn gerade aufgestiegen oder an ihrem Kulminationspunkt waren. Später bestätigte er durch die Untersuchung von 25.000 Berühmtheiten in mehreren Ländern Europas und vieler weiterer Tausend Personen seither, daß der Beruf eines Menschen, ungeachtet der nationalen Kultur und des Hintergrundes, tatsächlichden Positionen bestimmter Planeten bei der Geburt entspricht.

kürlich gewesen. Eine weitere Gruppe, der 20 Geburtsdaten von zehn Mördern und zehn "normalen" Lebenden gegeben und die gebeten wurden, die einen von den anderen zu trennen, ergab völlig zufällige Resultate.

Gauquelin argumentiert, daß unser genetischer Code mit unserer Jugend und Reife und unserem Alter markiert ist, und daß er besonders Krankheiten oder Unfälle vorherbestimmt. Das Universum einschließlich des Menschen unterliegt Rhythmen, die als kosmische "Uhren" funktionieren - kann es sein, daß die inneren "Uhren" eines menschlichen Embryos diesen prädisponieren, die Welt unter bestimmten kosmischen Bedingungen zu betreten, die der biologischen Konstitution eher entsprechen, als daß der Planet ihn bei der Geburt beeinflußt? Und daß die elterlichen "Uhren" die Empfängnis bestimmt haben?

Gauquelin untersuchte außerdem "planetarische Vererbbarkeit", indem er 15.000 Eltern und Kinder verglich, wozu die Untersuchung von 300.000 Planetenpositionen gehörte. Er entdeckte eine Korelation zwischen den Geburtshimmeln der Eltern und denen ihrer Kinder, wobei die Wahrscheinlichkeiten gegen den Zufall 499.999 zu eins waren. Die Anzeichen waren eindeutig für Mars, Jupiter, Satur, Mond und Venus. Für Merkur, der klein ist, gab es nicht genug Klarheit, auch nicht für Uranus, Saturn und Pluto, die sehr weit entfernt sind. Die Effekte der Vererblichkeitscharakteristika waren ausgeprägter bei einem Kind, dessen Geburtshimmel dem seiner Eltern entspricht, doch die Ergebnisse variierten in den Fällen von Geburten, die induziert worden waren (wie zu erwarten).

Als er über die Geburtsdaten seiner ersten Erhebungsauswahl medizinischer Akademiker schrieb, sagte Gauquelin: "Normale Menschen haben niemals diesen Effekt gezeigt." Was ist mit den Leuten in beschränkten Verhältnissen, die große Ärzte hätten werden können, hätten sie die Gelegenheit gehabt? Oder ist Gauquelin wörtlich zu verstehen? Wenn ja, unter welchen Sternen sind "normale" Menschen geboren?

Was die künftige Forschung auch immer ergeben mag, Gauquelin leugnet die These, daß Planeten Berufe oder Charaktere regieren, und schlägt nur die Erklärung der biologischen Uhren vor. Er scheint nicht so sehr die traditionelle Astrologie vernichtet zu haben, sondern sie von innen nach außen gekehrt zu haben. Anstatt daß der Himmel die Geburten der Menschen formt, haben sich die Geburten an den Himmel angepaßt. Wie die endgültigen Forschungsergebnisse auch aussehen mögen, es scheint, daß zur Zeit der Glaube oder Unglaube eines Individuums an die Astrologie von den "Uhren" abhängt, die seinen Geburtstag bestimmen und die Planeten, die sind, wo sie sind, wenn er ankommt.

UNTEN Voyager-I-Foto des Saturnmondes Titan: Wenn die Planeten uns direkt beeinflussen, führen Skeptiker an, warum werden dann die kleineren Himmelskörper von den Astrologen bei ihren Berechnungen ignoriert?

INDEX

Kursive Seitenzahlen beziehen sich auf Bildtexte.

BIBLIOGRAPHIE

Es gibt Tausende von Büchern zu diesem Thema; nachstehend nur eine kleine, willkürliche Auswahl weitererLiteratur über Astrologie. Wer sich intensiver mit der Materie befassen möchte, sollte eine Spezialbuchhandlung (Esoterik) aufsuchen und sich dort beraten lassen.

Astrologie des Standortes und ihre Bedeutung im Geburtshoroskop
von Cozzi Steve; Chiron

Astrologie
von Aleister Crawley; Sphinx

Partnerschafts-Astrologie
von Louis Haines Sargent; Knaur

Horoskope-Lexikon
von Hans-Hinrich Taeger (Hrsg.); Bauer

Ming Shu (chin. Astrologie)
von Walter Derek; M.& T.

Astrologie und Medizin
von G.W. Surya; Rohm

Astrologische Häuser und Aszendenten
von Howard Sasportas; Knaur

SMA-Tabellen
von Georg Hoffmann; Ebertin

Uranus, Neptun, Pluto im Transit
von Howard Sasportas, Knaur

Ephemeriden der Planetoiden
Ceres, Juno und Vesta
Arends-Verlag

Astrologische Namensdeutung
von Friedrich Bernhard Marby; Spieth

Häusertabellen des Geburtsortes
von W.Koch/E. Schaeck; Rohm

Horoskop-Analyse
von Jean Claude Weiss; M & T

The American Ephemeris for the 20th Century, 1900 to 2000, at Noon
ACS Publications, San Diego

Astrology for Sceptics,
von Charlotte MacLeod; Turnstone Books, London

Simplified Scientific Astrology
von Max Heindel; Wiltshire Book Company, Hollywood, California. Herausgegeben 1989 (Erstausgabe 1928).

The Astrologer's Astronomical Handbook
von Jeff Mayo; Fowler, London